Henri RUSSIER
Docteur ès lettres
Chef du Service de l'Enseignement au Cambodge

HISTOIRE SOMMAIRE

DU

ROYAUME DE CAMBODGE

des origines à nos jours

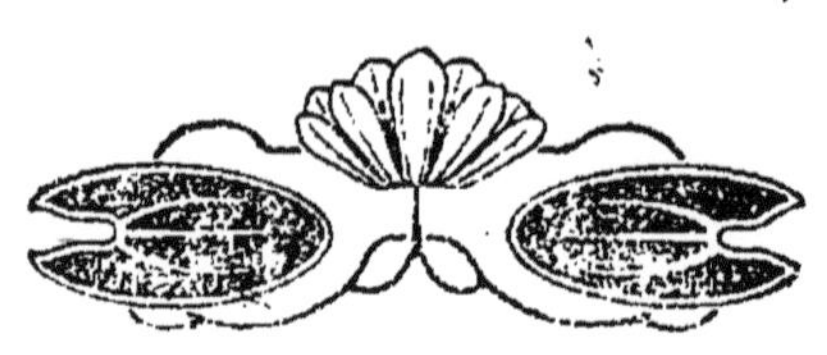

SAIGON
IMPRIMERIE COMMERCIALE C. ARDIN
1914

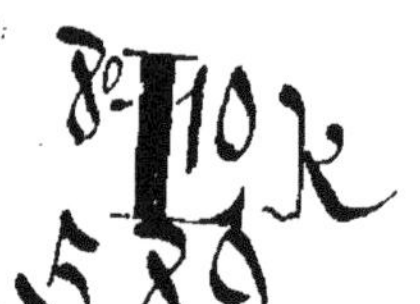

HISTOIRE SOMMAIRE

DU

ROYAUME DE CAMBODGE

Henri RUSSIER

Docteur ès lettres
Chef du Service de l'Enseignement au Cambodge

HISTOIRE SOMMAIRE
DU
ROYAUME DE CAMBODGE

des origines à nos jours

SAIGON

IMPRIMERIE COMMERCIALE C. ARDIN

1914

Comme une dette que j'acquitte,
j'offre pieusement ce petit livre
— qu'elle-même devait écrire —
à celle qui repose en terre cambodgienne.

H. R.

AVERTISSEMENT

Cette *Histoire sommaire du Royaume de Cambodge* a été préparée afin de permettre, dans nos écoles du Cambodge, l'enseignement des notions les plus élémentaires d'histoire locale, celles qu'il n'est point permis à un maître indigène ou à un élève d'ignorer.

Elle a été écrite, avant tout, avec des préoccupations purement scolaires, sans aucune prétention à l'originalité. Elle est simplement un essai de vulgarisation, pour des écoliers, des études dont la liste est donnée ci-dessous et qui sont dues, pour la plupart, aux membres de l'École française d'Extrême-Orient.

Si, par surcroît, elle contribue à faire connaître un peu plus le Cambodge — partant à le faire aimer davantage — de nos compatriotes, nous ne regretterons point d'avoir ainsi dépassé notre but en faisant partager à d'autres l'intérêt et l'attachement que ne peuvent manquer de porter à ce pays tous ceux qui y ont vécu quelque temps.

Les principaux travaux utilisés pour cette *Histoire sommaire du Royaume de Cambodge* sont :

AYMONIER. — *Le Cambodge,* 3 volumes. Paris, 1900-1904.

BARTH. — *Stèle de Vat-Phou* (Bulletin de l'Ecole française d'Extrême-Orient, 1902).

BOUILLEVAUX. — *L'Annam et le Cambodge.* Paris, 1874.

CABATON. — *Notes sur les sources européennes de l'histoire de l'Indochine* (Bulletin de la Commission archéologique de l'Indochine, 1911).
Les Chams de l'Indochine (Revue Indochinoise, 1909).

CŒDÈS. — *Les bas-reliefs d'Angkor-vat* (Bull. Comm. archéol. Indochine, 1911).
Note sur l'apothéose au Cambodge (Bull. Comm. archéol. Indochine, 1911).

COMMAILLE. — *Guide aux ruines d'Angkor.* Paris, 1912.

CULTRU. — *Histoire de la Cochinchine française.* Paris, 1910.

DE LA BROSSE. — *La rétrocession des anciennes provinces cambodgiennes. — Dans les provinces cambodgiennes rétrocédées* (Revue Indochinoise, 1907).

DELAPORTE. — *Voyage au Cambodge : l'Architecture Khmère.* Paris, 1884.

FINOT. — *Notes d'épigraphie* (Bull. Ecole franç. d'Extr.-Orient, 1903, 1904).

Les études indochinoises (Bull. Ecole franç. d'Extr.-Orient, 1908).

Sur quelques traditions indochinoises (Bull. Comm. archéol. Indochine, 1911).

FRANCIS-GARNIER. — *Voyage d'exploration en Indochine,* 2 vol. et 1 atlas. Paris, 1873.

HARDOUIN.— *Légende de Phya Ruang* (Revue Indochinoise, 1904.)

HARMAND. — *Voyage au Cambodge* (Bull. Soc. géogr. Paris, 1876 II.)

MAGNANT. — *Notes sur les débuts de l'enseignement français au Cambodge* (Revue Indochinoise, 1913).

Cl.-E. Maitre. — *Documents sur Pigneau de Béhaine, Evêque d'Adran* (Revue Indochinoise, 1913).

Maspero.— *L'empire Khmer (Histoire et documents)* Pnom-penh, 1904.

Le connétable Sangrama et l'armée des Kamvuja au XIe siècle. (Revue Indochinoise, 1904).

Mouhot. — *Voyage dans les royaumes de Siam, de Cambodge, de Laos et autres parties centrales de l'Indochine* (Tour du monde, 1863, 2e semestre).

Moura.— *Le royaume de Cambodge*. Paris, 1883.

Pelliot.— *Mémoires sur les coutumes du Cambodge* (Bull. Ec. franç. d'Extr.-Orient, 1902).

Le Founan (Bull. Ecole franç. d'Extr.-Orient, 1903).

Parmentier.— *Notes sur les bas-reliefs de Banteai-chmar* (Bull. Ec. franç. d'Extr.-Orient, 1910).

Pavie. — *Excursions dans le Cambodge et le Golfe de Siam* (Excursions et Reconnaissances, III, IV, V, VIII).

Pavie. — *Mission Pavie Indochine (1879-1895)*. Etudes diverses II (Recherches sur l'histoire du Cambodge, du Laos et Siam). Paris, 1898.

Recueil des actes du Gouvernement cambodgien. Pnom-penh, 1912.

On trouve enfin

dans *Excursions et Reconnaissances* (1884) le texte de diverses décisions réorganisant le Protectorat du Cambodge ;

et dans le *Bulletin Administratif du Cambodge* (1904 et 1905) un certain nombre de documents officiels relatifs soit à l'avènement de S. M. Sisovat soit à la rétrocession des territoires.

Pnom-penh, mars 1914.

PREMIÈRE PARTIE

Des origines au XIIIe siècle

CHAPITRE PREMIER

Les Origines

Les premiers habitants. — Le sud de l'Indochine est habité depuis très longtemps. On a trouvé un peu partout, notamment au nord du Grand Lac au Cambodge (dans la région de Somrongsen), dans la Cochinchine orientale, près de Bienhoa, et jusque dans le Sud-Annam (plateau des Bahnar), des haches de pierre, des poteries moulées à la main, des bracelets en cuivre et en bronze, des instruments en fer, qui datent d'une époque très ancienne.

Les premiers habitants formaient un très grand nombre de tribus : les unes habitaient les montagnes qui encadrent, au Nord, le delta du Mékong, entre la mer de Chine et le Ménam ; les autres étaient installées dans la vallée du Mékong et sur le littoral de la mer, dans le pays appelé *Founan*, qui occupait l'emplacement actuel du Cambodge et de la Cochinchine.

Toutes ces tribus étaient sauvages, comme les Phnong, les Kouy ou les Chong, que l'on rencontre encore aujourd'hui dans la partie septentrionale du Cambodge, de la région de Kratié à la région de Battambang. Mais celles qui se trouvaient dans les plaines riches du delta, ou sur le bord des cours d'eau, reçurent de très bonne heure la visite d'hommes plus civilisés venus du sud de l'Inde, soit par mer, soit même par voie de terre.

Houen-tien ou Kaundinya Ier. — Une très ancienne légende raconte qu'un de ces hommes, un brahmane nommé *Houen-tien* (en hindou *Kaundinya*), rêva qu'un Génie lui donnait un arc et l'invitait à monter en jonque pour prendre la mer. Au matin, il se rendit au temple du Génie ; puis, ayant trouvé l'arc, il monta en jonque et se dirigea vers le Founan dont la capitale, Vyadhapura (?), occupait probablement l'emplacement actuel de Angkor-borey (dans la province de Prey-krebas).

Les habitants du Founan avaient alors pour reine une femme appelée *Lieou-ye*. Quand Lieou-ye vit arriver la jonque, elle alla avec des soldats à sa rencontre pour s'en emparer ; mais Houen-tien leva son arc et lança contre eux une flèche qui perça la jonque où se trouvait Lieou-ye et blessa un de ses soldats. Lieou-ye eut grand'peur, et se soumit. Houen-tien la prit pour femme et devint roi du Founan.

A cette époque, les habitants du Founan ne portaient aucun vêtement. Ils allaient, le corps nu et tatoué, les cheveux dans le dos. Houen-tien apprit à Lieou-ye à se vêtir d'une pièce d'étoffe au travers de laquelle passait sa tête. Les femmes du Founan suivirent l'exemple de Lieou-ye et, à partir de ce moment, cessèrent d'aller nues.

Houen-tien eut de Lieou-ye un fils auquel il donna en fief sept villes. Un de ses successeurs, *Houen-p'an-houang*, mit la discorde entre ces villes et, à la faveur de cette discorde, les attaqua et les soumit. Puis il envoya ses fils et petits-fils gouverner séparément chacune des villes ; on les appelait *petits rois*.

P'an-houang mourut à plus de 90 ans. Il eut pour successeur son second fils, *P'an-p'an*, qui laissa un de ses généraux, nommé *Fan-man*, gouverner le royaume. Après trois ans de règne, P'an-p'an mourut. Les habitants du royaume choisirent alors pour roi Fan-man.

Fan-man prit le titre de « Grand Roi de Founan ». Il fit la guerre à tous ses voisins et les soumit ; il fit, en outre, construire de grands navires et « parcourant toute la mer immense, il attaqua plus de dix royaumes ». Tous se reconnurent ses vassaux et ainsi Fan-man étendit très loin les limites du Founan.

Quand Fan-man mourut, vers l'année 225, son neveu, le général *Fan-chan*, usurpa le trône. C'est sous le règne de Fan-chan que commencèrent les relations du Founan avec l'Inde et avec la Chine. Fan-chan fut tué à son tour par un fils de Fan-man, qui fut lui-même assassiné peu après et remplacé par un général nommé *Fan-siun*. Fan-siun régna très longtemps.

A cette époque, les femmes seules avaient un vêtement : c'était celui qu'elles avaient l'habitude de porter depuis le règne de Houen-tien. Les hommes continuaient à aller nus. Des ambassadeurs chinois venus au Founan, ayant dit à Fan-siun que « cela n'était point convenable », celui-ci ordonna aux hommes de s'entourer le corps, à la ceinture, d'une pièce d'étoffe : ce fut l'origine du sampot que les Cambodgiens portent encore aujourd'hui. Les riches prirent des sampots en soie brodée d'or ou d'argent ; les pauvres eurent des sampots de toile (D'après Pelliot).

Kaundinya II. — Plus de cent ans après, vers la fin du IVe siècle ou au début du Ve siècle, le Founan fut gouverné par un autre brahmane venu aussi de l'Inde et qui portait le même nom hindou que Houen-tien : il s'appelait aussi *Kaundinya*.

Une tradition raconte qu'il avait entendu la voix d'un Génie lui dire : « Il faut aller régner sur le Founan » ; et il était parti. D'après une autre tradition, ce Kaundinya était un ancien prince du Founan, exilé dans l'Inde. A la mort du roi de Founan, les habitants de ce pays l'appelèrent pour qu'il devint leur roi.

Kaundinya changea de nouveau les coutumes du Founan : il les remplaça par des coutumes hindoues. Ainsi, il apprit à ses sujets à construire des citernes au lieu de creuser des puits. D'autre part, il développa chez eux « le culte des esprits du ciel », c'est-à-dire des dieux ou déesses brahmaniques, et leur enseigna « la fabrication de statues de cuivre, les unes ayant deux visages et quatre mains, d'autres ayant quatre visages et huit mains, toutes tenant dans chaque main un objet différent : un petit oiseau, le soleil ou la lune ». C'est aussi à partir du règne de Kaundinya que les souverains du Founan prirent l'habitude, en devenant rois, de se donner un nom spécial, toujours terminé par le mot sanscrit *varman* (bouclier), qui signifie à la fois puissant et protecteur.

Les successeurs de Kaundinya, peut-être Kaundinya lui-même, envoyèrent à diverses reprises des ambassadeurs et des présents à l'empereur de Chine. L'un deux, *Jayavarman*, demanda, en 484 au souverain chinois de lui prêter des soldats pour l'aider à vaincre le Champa, avec lequel il était en guerre. L'empereur de Chine remercia Jayavarman de ses présents, mais n'expédia pas les soldats demandés. Jayavarman envoya encore des ambassadeurs, en 503, en 511, en 514. Après l'ambassade de 503, l'empereur de Chine donna à Jayavarman le titre de « général du Sud pacifié, roi de Founan ».

Jayavarman mourut en 514. Il eut pour successeur son fils aîné, né d'une « seconde femme », qui tua le fils cadet, né de la « première femme », et devint roi sous le nom de *Rudravarman*. Rudravarman envoya, à son tour, plusieurs ambassades en Chine. En 539, il offrit même à l'empereur de lui céder un cheveu de Bouddha, long de douze pieds, et l'empereur envoya aussitôt au Founan un bonze, nommé Yun-pao, pour recevoir la précieuse relique. Cette ambassade de 539 fut la dernière ambassade envoyée à l'empereur de Chine par les souverains du Founan (D'après Pelliot.)

Le Tchenla ou Cambodge. — A la mort de Rudravarman, les princes des petits royaumes vassaux refusèrent de payer tribut et se soulevèrent.

L'un d'eux, qui était peut-être un parent du roi de Founan, régnait au nord du Founan, dans la région de Sambaur, sur le pays de *Tchenla* ou de *Kambuja*, d'où vient le nom actuel de Cambodge. C'était un prince très belliqueux. Un jour, il descendit le Mékong avec une armée et marcha sur Vyadhapura, dont le souverain dut s'enfuir vers le Sud, dans la direction de Kampot. Le roi de Kambuja se fit alors reconnaître comme suzerain du Founan et prit le nom de *Bhavavarman*.

Ainsi, la suprématie politique, dans le bassin du Mékong, passait des mains du roi de Founan dans celles du roi de Kambuja. C'est le commencement de l'histoire du grand royaume de Cambodge, dont Bhavavarman peut être regardé comme le premier souverain.

Les plus anciennes inscriptions que l'on ait trouvées jusqu'ici au Cambodge datent de cette époque (VIe siècle). Elles racontent les actions accomplies par Bhavavarman et nous apprennent que ce souverain fut un roi conquérant. Elles nous parlent souvent des « richesses qu'il conquit par l'effort de son arc » et des guerres qu'il entreprit

« pour vaincre les rois de la montagne jusqu'au sommet de leurs pics ».

Bhavavarman eut pour successeur son frère *Mahendravarman*, qui, comme lui, fit souvent la guerre et étendit les limites de son royaume jusqu'aux rapides de Kemmarat. A la mort de Mahendravarman, au début du VIIe siècle, tous les peuples autrefois vassaux du Founan obéissaient au roi de Cambodge.

Içanavarman succéda à Mahendravarman, son père. En 616-617, il échangea avec l'empereur de Chine une ambassade. Les historiens chinois qui nous parlent de cette ambassade nous donnent le portrait suivant du roi de Cambodge, un jour où il donnait audience à ses sujets :

« Il avait un costume splendide, couleur de pourpre, à broderies représentant des fleurs, et qui tombait jusqu'à ses pieds. Aux oreilles, il portait, comme une femme, une paire de lourds et volumineux pendants en or. Sa tête était couronnée d'une tiare pointue, chargée d'or, de perles et de pierres précieuses. Il avait pour chaussures, des mules de cuir ornées d'ivoire. Il était assis sur un lit fait de cinq espèces de bois odoriférants et orné de toutes sortes de pierreries et de métaux précieux. Au-dessus du lit s'élevait un pavillon tendu de magnifiques étoffes, dont les colonnes étaient en bois précieux et les parois en ivoire parsemées de fleurs d'or. L'ensemble de ce lit et de ce pavillon formait comme un petit palais, au fond duquel était suspendu un disque à rayons d'or en forme de flammes. Devant le lit, deux hommes faisaient brûler des parfums dans des brûle-parfums en or ». (D'après Aymonier).

Içanavarman eut pour successeur *Bhavavarman II*, dont le règne fut sans doute très court, puis *Jayavarman 1er*. Jayavarman Ier ne paraît pas avoir été un roi conquérant. Il n'étendit pas les limites de son royaume qui atteignait déjà, à cette époque, la région de Vat-phou, près de Bassac; il se préoccupa plutôt, dit une inscription, de « protéger les territoires conquis à larges enjambées » par ses prédécesseurs.

Quand elles ne nous parlent pas des « richesses conquises par l'effort de l'arc » ou des cortèges guerriers où retentissent « les cymbales, tambours, luths, timbales, flûtes, cloches et tambourins », les inscriptions anciennes du Cambodge nous renseignent, avec beaucoup de détails, sur les fondations religieuses consacrées un peu partout soit aux divinités brahmaniques (Vishnu et surtout Çiva), soit même à Bouddha que, déjà, les Cambodgiens commençaient à honorer. Elles énumèrent avec le plus grand soin toute la série des biens offerts aux divinités : les serviteurs (esclaves, hommes, femmes et enfants), le bétail (buffles, vaches, attelages de bœufs), les chars et pirogues, les jardins et rizières, les arbres fruitiers, les objets précieux d'or ou d'argent, ... On y lit, d'autre part, toutes sortes de malédictions pour les impies qui circuleraient à leur fantaisie dans le séjour du dieu, montés sur un char, porteurs de parasols déployés, ou en agitant de riches chasse-mouches ; qui nourriraient des chiens ou des coqs de combat dans l'enceinte du temple ; qui se permettraient de « faire du mal à ceux qui demeurent dans les sanctuaires, même s'ils ont commis des fautes », ou qui « pleins d'insolence, l'âme frémissante d'avidité », oseraient ravir les biens (serviteurs, terres, bétail ou autres) donnés au dieu par son adorateur (D'après Barth).

Les invasions javanaises. — Les historiens chinois racontent qu'au début du VIIIe siècle, de nouveaux troubles se produisirent dans le royaume de Cambodge qui se trouva, dès lors, divisé en deux royaumes distincts ayant chacun un roi. La partie méridionale, baignée par la mer et remplie de lacs, de mares, d'étangs, forma le Bas-Cambodge ou « Cambodge de l'eau », probablement, avec Vyadhapura pour capitale ; la partie septentrionale, plus élevée, forma le Haut-Cambodge ou « Cambodge de la terre ferme », avec, probablement, pour capitale Sambhupura, sur l'emplacement actuel de Sambor.

Puis le Bas-Cambodge et le Haut-Cambodge furent de nouveau réunis en un seul royaume sous le règne de *Rajendravarman*, fils du seigneur de Vyadhapura qui hérita en outre, par sa mère, du royaume de Sambhupura.

A cette époque (seconde moitié du VIIIe siècle), toute l'Indochine, depuis le delta du Mékong jusqu'au delta du Tonkin, fut dévastée par des pirates que quelques inscriptions appellent « des hommes noirs et maigres venus de Java sur des navires ». Le Cambodge fut aussi ravagé par ces pirates sous le règne de Rajendravarman qui dut payer un tribut au souverain de Java. Et c'est peut-être le souvenir de cette domination javanaise qui a inspiré aux géographes arabes la curieuse histoire suivante :

« Autrefois, disent-ils, le royaume de *Comar* (c'est-à-dire le royaume *Khmer* ou Cambodge), était gouverné par un jeune homme d'un caractère léger. Un jour, assis dans son palais qui dominait le fleuve, à une journée de la mer, il eut une étrange envie. Il dit à son ministre : « Je voudrais voir devant moi la tête du Maharaja de Zabedj exposée sur un plat ». Le Maharaja de Zabedj, qui était le grand roi de Java, était un prince très puissant. Aussi le ministre, comprenant que son maître parlait par jalousie, le supplia de se taire. Mais le jeune homme répéta devant d'autres ses propos imprudents, qui vinrent aux oreilles du Maharaja.

« Aussitôt celui-ci partit secrètement, avec une

flotte considérable, vers la capitale du royaume de Comar. Le roi de Comar fut surpris dans son palais par les guerriers du Maharaja qui lui coupèrent la tête, pendant que ses propres soldats et leurs officiers s'enfuyaient.

« Ayant ainsi châtié le jeune roi, le Maharaja repartit, laissant les habitants de Comar se choisir eux-mêmes un nouveau souverain. Mais il emporta au Zabedj la tête de son ennemi, afin que nul parmi ses peuples n'ignorât de quel châtiment il l'avait puni. Puis il fit embaumer cette tête, et, l'ayant placée dans un vase, il l'envoya au prince qui régnait alors sur le royaume de Comar.

« A partir de ce moment, les rois de Comar, chaque matin, à leur lever, tournaient la tête vers le pays de Zabedj et se prosternaient, adorant le Maharaja, en signe de respect » (D'après Pelliot).

CHAPITRE II

Les souverains d'Angkor

Jayavarman II et le Roi-Dieu. — Les Cambodgiens ne semblent pas avoir été longtemps tributaires de Java.

En 802, un de leurs princes, parent éloigné de Rajendravarman, revint au Cambodge, d'un pays que l'on appelait Java mais qui n'est peut être pas la grande île qui porte encore ce nom, et se fit reconnaître roi sous le nom de *Jayavarman II*. « Dans cette race parfaitement pure des rois, grand lotus qui n'avait plus de tige, il surgit, dit une inscription, comme une floraison nouvelle. »

Le nouveau souverain ne fut pas, dès son avènement, le maître de tout le pays. Il mit plusieurs années à le conquérir et à le pacifier. Puis, quand il se sentit assez puissant, il refusa de payer tout tribut aux souverains de Java.

Jayavarman II ne voulut point résider dans les anciennes capitales du Cambodge, Vyadhapura ou Sambhupura. Peut-être pensa-t-il qu'il montrerait mieux sa puissance en créant une capitale nouvelle? Peut-être aussi crut-il prudent de se mettre plus à l'abri des incursions des jonques de mer qui pouvaient arriver si facilement jusqu'à Vyadhapura ?

En tout cas, il déplaça sa résidence et la transporta au nord des Lacs, dans la région du Phnom Koulen, dont les carrières devaient permettre des constructions nombreuses de palais ou de temples. Un des plus anciens palais construits dans cette région est *Prah Khan*, qui fut probablement la capitale où résida Jayavarman II.

Quand il eut ainsi établi sa résidence entre le Phnom Koulen et les Lacs, Jayavarman II décida que le roi de Cambodge devait être honoré comme un dieu. Pendant son vivant, on adorerait sa statue qui devait le suivre partout où il allait. Après sa mort, on lui donnerait des titres de dieu et on lui rendrait le même culte qu'à un dieu.

Jayavarman II fit venir, dans ce but, un savant brahmane, appelé Hiranyadama, qui apprit à un nommé Steng Anh Çivakaivalya, les rites de ce culte nouveau du « Roi-Dieu ». Puis, dans une cérémonie solennelle, Jayavarman et Hiranyadama déclarèrent que, dans l'avenir, seuls les membres de la famille de Çivakaivalya seraient admis à rendre le culte devant le Roi-Dieu.

L'institution de ce collège spécial de prêtres uniquement consacrés au culte du « Roi-Dieu » et recrutés exclusivement dans la même famille, devait avoir, dans toute l'histoire du Cambodge, la plus grande importance, car elle faisait bénéficier une famille privilégiée d'un prestige et d'une autorité morale considérables à la Cour. C'est en effet, parmi les membres de cette famille que furent presque toujours choisis le précepteur et le chapelain du roi. Or, comme à la mort de chaque souverain la couronne fut souvent disputée, il arriva que les brahmanes, prêtres du Roi-Dieu, réussirent bien des fois à la faire donner à un prince choisi par eux et furent ainsi les véritables maîtres du royaume.

C'est encore au règne de Jayavarman II que les Cambodgiens font remonter l'origine de l'épée sacrée (*prah khan*), que leurs souverains, disent-ils, se transmettent de l'un à l'autre depuis des siècles et que gardent encore aujourd'hui, jour et nuit, les Bakou, qui sont les descendants éloignés des anciens brahmanes. En réalité, l'épée sacrée que l'on montre actuellement au palais de Phnom-penh est d'origine beaucoup plus récente.

Les successeurs de Jayavarman II. — Les inscriptions permettent d'établir le tableau des successeurs de Jayavarman, du moins jusqu'au commencement du XIIIe siècle [1] et l'on voit tout de suite, par ce tableau, combien, dès le début, la succession des rois de Cambodge fut irrégulière.

Tantôt, c'est le fils aîné ou plutôt le fils de la principale reine qui succède à son père, en mutilant, en faisant disparaître, au besoin en tuant tous ceux qu'il croit devoir redouter comme compétiteurs. Tantôt c'est un frère qui succède à son

(1) Voir ce tableau en appendice.

frère. Ou bien le choix du nouveau souverain est fait, en dehors des proches parents du roi défunt, par les ministres, les hauts dignitaires civils et surtout les chefs religieux (D'après Aymonier).

Quelquefois aussi, le roi est un usurpateur qui n'a que des liens de parenté très éloignés avec son prédécesseur, ou même qui semble tout à fait étranger à la famille de celui-ci, comme Surya-varman Ier, qui devint roi en l'an 1002, dit une inscription « en enlevant, dans la bataille, la royauté à un roi mêlé à d'autres rois ».

Par suite, à son avènement, le nouveau roi ayant souvent à lutter contre des princes qui ne voulaient point reconnaître son autorité, et prétendaient que la couronne leur appartenait, on comprend sans peine que les guerres civiles aient été si fréquentes au Cambodge.

Les guerres civiles. — Indravarman Ier (877-889), second successeur de Jayavarman II, n'était que son neveu ; c'est pourquoi les membres de la famille de Jayavarman III à qui il enlevait ainsi la couronne cherchèrent à soulever une révolte contre lui. La révolte éclata dès le début du règne de Yaçovarman (889-908), fils de Indravarman Ier. Une inscription nous raconte que, ses troupes ayant pris la fuite et s'étant cachées, Yaçovarman « monta combattre en personne » ; seuls, deux de ses compagnons d'armes restèrent auprès de lui, « luttèrent en couvrant son corps, puis tombèrent sous ses yeux », et Yaçovarman réussit à vaincre les rebelles. Par reconnaissance pour les deux braves qui lui avaient sauvé la vie, « il fit ériger leurs statues et combla leurs familles de biens et de faveurs ». Mais pour éviter le retour de pareilles révoltes, il commença la construction d'une citadelle énorme qu'il voulut rendre imprenable : ce fut Yaçodharapura (Angkor-thom).

Quelques années plus tard, un de ses successeurs, *Udayadityavarman II* (1050-1066), eut à combattre successivement trois rébellions redoutables : la première, celle de Aravindahrada, éclata dans la partie méridionale du Cambodge, probablement entre Phnom-penh et Baria ; la seconde, celle du général Kamvau, eut probablement pour théâtre la région du Nord-Ouest ; la troisième, celle de Slut et de Siddhikara, son frère, semble avoir eu lieu dans les provinces orientales, dans la région de Sithor. Ces trois rébellions furent vaincues par le connétable *Sangrama,* qui obligea Aravindahrada à se réfugier au Champa, tua de ses propres mains Kamvau et fit prisonnier Slut. Lorsque Sangrama eut vaincu tous les rebelles, le roi voulut lui faire don de tout le butin qu'il avait conquis, mais Sangrama demanda à son souverain la permission d'offrir toutes ses richesses au Roi-Dieu qui représentait Udayadityavarman. Et celui-ci accepta en proclamant que la fidélité de Sangrama serait célébrée « pendant plus de quatre fois cent mille années ».

Enfin, de nouveaux troubles éclatèrent à la mort de *Dharanindravarman Ier* (1109-1112), qui était déjà âgé quand il devint roi et qui mourut sans laisser d'héritier direct. Plusieurs princes se disputèrent sa succession et c'est le plus énergique d'entre eux qui fut roi, sous le nom de *Suryavarman II.* « Tout jeune encore, à la fin de ses études, dit une inscription, il eut l'ambition de devenir roi. La dignité royale était alors partagée entre deux maîtres. Lâchant sur la terre des combats l'océan de ses armées, il livra une terrible bataille ; bondissant sur la tête de l'éléphant du roi ennemi, il tua celui-ci comme Garouda s'ébattant sur la cime d'une montagne tue un serpent. La terre était plongée dans la calamité ; il l'en tira sans la blesser, au moyen de son bras, et il la rétablit dans son état normal antérieur » (D'après Finot).

Après le règne de Suryavarman II, il ne semble pas que le Cambodge ait été de nouveau troublé par les guerres civiles. Par contre, les souverains cambodgiens eurent encore à lutter contre leurs voisins, en particulier contre les rois Chams.

Les guerres contre les Chams. — Les Chams avaient fondé, tout le long de la côte d'Annam et même du delta du Tonkin, un royaume qui, dès le second siècle de l'ère chrétienne, était très florissant.

Ils eurent à lutter d'abord, à partir du IVe siècle, contre les Chinois qui leur enlevèrent peu à peu le delta tonkinois pour y installer des Annamites. Puis, au VIIIe siècle, ils subirent les invasions maritimes des Malais, qui désolèrent alors toutes les côtes indochinoises. Mais les pires ennemis des Chams furent les Cambodgiens et, plus tard, les Annamites.

Au début, Chams et Cambodgiens semblent avoir entretenu des relations d'amitié. Une inscription nous parle d'un roi cham qui aurait épousé une fille de Içanavarman (début du VIIe siècle). Puis les relations changent. Une autre inscription, retrouvée en Annam, à Po-nagar, parle d'un général cham qui, à l'époque de Jayavarman II (802-869), « ravagea les villes des Khmers » et « montra jusqu'au milieu du pays des Kamvujas, la force invincible de son arc ».

Les Cambodgiens prirent leur revanche sous le règne de Yaçovarman (889-908), roi très belliqueux, qui se vante, dans plusieurs inscriptions gravées sous son règne, d'avoir soutenu des guerres nombreuses, soit contre des voisins « qui avaient envahi ses frontières », soit en attaquant lui-même ses ennemis « dans leur demeure ». Il dirigea une de ces attaques contre le Champa dont il chassa le roi, mais il ne put rester maître du pays et dut revenir au Cambodge, poursuivi par les Chams.

Jayavarman IV (928-942) reprit la lutte ; il fut, nous dit une inscription, « vainqueur du Champa et des quatre coins de l'horizon ».

Un des fils de Jayavarman, Rajendravarman II (944-969), fit aussi la guerre au Champa. Une inscription cambodgienne le compare « au feu de la destruction universelle qui brûlait les royaumes ennemis, à commencer par celui de Champa ». D'autre part, une inscription cham nous apprend que les Cambodgiens réussirent à s'emparer de la tête d'une statue d'or dressée dans le temple de Po-nagar. L'inscription ajoute que « les ravisseurs en moururent », c'est-à-dire furent punis, mais nous pouvons croire que ce n'est pas sans avoir infligé aux Chams une sérieuse défaite.

Puis les luttes entre Chams et Cambodgiens semblent s'arrêter pendant quelques années. Il y eut même, vers 1030, une alliance entre les Cambodgiens, les Chams et les Chinois contre les Annamites, mais cette alliance ne paraît pas avoir duré très longtemps. Dès 1080, un général cham fait une expédition victorieuse contre Sambhupura.

Quelques années plus tard, Suryavarman II reprit la lutte. Il réussit, non sans difficultés, à chasser le roi cham Harivarman et à le remplacer par un vice-roi cambodgien, qui était son propre beau-frère ; de 1153 à 1156, il semble que les Cambodgiens soient les maîtres du Champa. Mais Harivarman les expulsa bientôt. Puis, redevenu le maître du pays, il prit l'offensive et fit plusieurs incursions au Cambodge : celle de 1170 fut, paraît-il, particulièrement désastreuse pour les Cambodgiens.

En 1177, son successeur, sur les conseils d'un naufragé chinois qui lui apprit à remplacer ses éléphants par des cavaliers armés d'arcs et de flèches, envahit le Cambodge et parvint même aux portes de la capitale, d'où le roi dut s'enfuir précipitamment. Les Cambodgiens prirent leur revanche peu après. En 1190, leur roi envahit le Champa, s'empara de la capitale et plaça un Cambodgien sur le trône des rois chams.

Et pendant les trente années qui suivirent, le Champa resta vassal du Cambodge, non sans essayer plusieurs fois, d'ailleurs, de reprendre son indépendance. Puis, vers 1220, le roi de Cambodge évacua définitivement le Champa, probablement parce que les habitants étaient difficiles à maintenir dans l'obéissance.

Les monuments. — Les guerres continuelles que les rois cambodgiens eurent à soutenir les obligèrent à couvrir leur pays de forteresses ; et ainsi, parce qu'ils étaient de grands guerriers, ils furent amenés à être de grands constructeurs. Cependant, ils n'élevèrent pas seulement des châteaux-forts pour se défendre ; certains, comme Jayavarman VII, construisirent aussi des hôpitaux pour soigner les malades, pauvres ou riches. Mais c'est surtout pour les divinités brahmaniques, qu'ils honoraient, à cette époque, plus encore que Bouddha, qu'ils construisirent la plupart de ces palais et de ces temples magnifiques que nous admirons aujourd'hui et qui sont surtout situés dans la région qui s'étend au nord du Grand-Lac.

Le tableau suivant indique le nom des principaux monuments qui subsistent encore avec le nom du souverain sous le règne duquel ils semblent avoir été construits ou du moins commencés.

MONUMENTS	NOMS DES ROIS et date des règnes
Prah-khan (près d'Angkor), Banteai-chmar	Jayav. II (802-869)
Bakou, Bakong, Loley	Indrav. (877-889)
Angkor-thom, Bayon	Yaçov. (889-908)
Phiméanakas	Harshav. (908-?)
Koh-ker	Jayav. IV (928-942)
Taprohm, Banteai-kedei	Rajendrav. II (944-969)
Bapuon	Jayav. V (969-?)
Phnom-chisor, Prah-khan (de Kg-thom)	Suryav. I (1002-1049)
Phimay	Udayadityav. II (1050-?)
Angkor-vat	Suryav. II (1112-?)

Le plus souvent, temples ou villes étaient tracés suivant un plan rectangulaire ou carré et entourés d'un mur d'enceinte presque toujours précédé d'un fossé, que l'on traversait par une chaussée conduisant à la porte d'entrée. D'autre part, l'enceinte comprenait d'ordinaire quatre portes seulement : une au milieu de chaque mur ; Angkor-thom, par exception, en a cinq. Au-delà de ces portes, des allées, toujours orientées Nord-Sud ou Est-Ouest, conduisaient vers les constructions les plus importantes. Dans certains monuments, formés de galeries concentriques et étagés comme Angkor-vat, ces allées s'élevaient comme des marches d'escalier.

Un voyageur chinois, nommé *Tcheou-ta-kouan*, qui vint au Cambodge en 1296, nous a laissé d'Angkor-thom une description très détaillée, dont voici les principaux passages, d'après la traduction de M. Pelliot :

« Devant la muraille qui entoure la ville, il y a un grand fossé, que traversent des chaussées tracées sur de grands ponts ; de chaque côté des ponts, il y a cinquante-quatre génies de pierre, semblables à des généraux gigantesques et terribles. Les parapets des ponts sont en pierre taillée en forme de serpent à neuf têtes. Les cinquante-quatre génies retiennent de la main le serpent et ont l'air de l'empêcher de fuir.

« La muraille est un carré régulier aux quatre angles duquel sont élevées quatre tours de pierre... Elle est percée de cinq grandes portes, deux sur la face orientale, une sur chaque autre face... Elle est entièrement faite de blocs de pierres superposées et très solidement jointes. Il n'y pousse pas d'herbes folles. Il n'y a pas de créneaux. De distance en distance, il y a des maisonnettes vides.

« Au centre de la capitale, il y a une tour d'or entourée de plus de vingt tours de pierre. Du côté de l'Est, il y a encore un pont d'or, deux lions d'or placés de chaque côté du pont, et huit Bouddhas d'or placés au bas des chambres de pierre. A 400 mètres environ au nord de la tour d'or, il y a une tour de cuivre encore plus haute que la tour d'or et dont la vue est réellement impressionnante. Au pied, il y a plus de dix maisonnettes de pierre. Un peu plus au Nord, se trouve la maison du roi, dans laquelle il y a encore une tour d'or ».

Et Tcheou-ta-Kouan ajoute que « c'est sans doute à cause de ces monuments que les marchands qui viennent au Cambodge ont toujours trouvé ce pays riche et puissant».

Aujourd'hui, les monuments anciens du Cambodge sont presque tous en pleine forêt, et la végétation sous laquelle ils sont enfouis les dégrade de plus en plus. Pour empêcher qu'ils ne s'écroulent tout à fait, l'Administration française s'efforce de les conserver et elle a confié cette conservation aux savants de l'Ecole française d'Extrême-Orient. Ceux-ci ont réussi déjà à débarrasser Angkor-vat de toute la végétation qui menaçait d'en détruire les diverses constructions et à lui redonner cet aspect si féerique que des voyageurs du monde entier viennent admirer chaque année.

Cependant, les monuments anciens du Cambodge ne sont pas seulement des constructions que l'on doit admirer parce qu'elles sont merveilleuses. Ce sont aussi des « livres de pierre », dont les images sculptées sur d'interminables bas-reliefs nous instruisent avec la plus grande précision de la vie publique et privée des Cambodgiens d'autrefois.

Ainsi, à Angkor-vat, la grande galerie historique nous montre une audience donnée par le roi, un cortège de ses épouses avec leurs suivantes et leurs esclaves, un défilé de l'armée royale. Au Bayon, à Banteai-chmar, on retrouve non seulement d'autres défilés de guerriers et des combats sur terre et sur mer, mais aussi une multitude de scènes qui font véritablement revivre sous nos yeux le peuple cambodgien, en nous le montrant dans sa vie quotidienne : au palais, au marché, sur la place publique, à la chasse, à la pêche, à la guerre, dans les champs, ou prosterné devant ses dieux (D'après Cœdès).

CHAPITRE III

Le Cambodge et les Cambodgiens à la fin du XIIIe siècle

Indépendamment des détails si intéressants concernant la vie des Cambodgiens d'autrefois que nous pouvons trouver sur les bas-reliefs de leurs monuments anciens, le récit du voyage de Tcheou-ta-kouan, ce Chinois qui nous a laissé une description si exacte d'Angkor-thom, nous fournit, d'autre part, de très précieux renseignements sur le Cambodge, ses habitants et leurs coutumes à la fin du XIIIe siècle. Voici les principaux passages du récit de Tcheou-ta-kouan d'après la traduction, déjà citée, de M. Pelliot.

Le pays et les productions. — Quand on arrive au Cambodge par mer, écrit le voyageur chinois, on voit d'abord de grandes plaines qui couvrent à perte de vue les épais fourrés de la forêt basse où se mêlent les cris des animaux. Au milieu de ces plaines s'étalent les larges estuaires du grand fleuve. Puis, « à mesure qu'on remonte le fleuve, on commence à voir des clairières, mais pas un pouce de terrain cultivé : de grands arbres, du millet sauvage, quelques joncs et voilà tout. »

Ce sont ensuite des lignes de bambous s'étendant sur un grand nombre de kilomètres. « Les tiges de ces bambous ont des épines, et le goût de leurs pousses est très amer. » A mesure qu'on avance dans l'intérieur du pays, on voit de hautes montagnes qui sont couvertes de forêts.

Au Cambodge, il pleut pendant une moitié de l'année et pendant l'autre moitié de l'année, il ne pleut pas du tout. De mai à octobre, il pleut tous les jours, dans l'après-midi. A cette époque, les eaux du Grand-Lac s'élèvent de plusieurs mètres ; les grands arbres sont noyés : c'est à peine si leur cime dépasse ; les habitants qui vivent sur les bords de l'eau se retirent alors dans les régions élevées. De novembre à avril, il ne tombe pas une goutte d'eau ; le Grand Lac n'est alors accessible qu'aux petites barques ; aux endroits profonds, il n'a guère que trois à cinq pieds ; les habitants redescendent alors dans la plaine, pour faire leurs cultures.

La principale culture des Cambodgiens est le riz. Ils cultivent aussi toutes sortes de plantes potagères : les oignons, le poireau, l'aubergine, les pastèques, la courge et beaucoup d'autres légumes dont Tcheou-ta-kouan dit qu' « il ignore le nom ». Les espèces d'arbres sont nombreuses et les fleurs, encore plus abondantes, sont à la fois belles et parfumées.

Les Cambodgiens élèvent en grande quantité les poules, les canards, les porcs. Ils ont des chevaux qui sont très petits. Ils ont aussi des bœufs qu'ils attellent à leurs charrettes, mais qu'ils ne mangent pas, parce que, disent-ils, ces animaux ont dépensé leurs forces au service de l'homme. On trouve encore au Cambodge des tigres, des panthères, des ours, des sangliers, des daims, des chevrotins, des gibbons et des renards.

On y rencontre aussi des rhinocéros et des éléphants. Ce sont les montagnards qui recueillent l'ivoire. Le meilleur ivoire est celui des éléphants fraîchement tués. Le moins estimé est celui qu'on trouve dans la montagne avec des squelettes d'éléphants morts depuis longtemps. Quant à la corne de rhinocéros, la plus appréciée est blanche et veinée ; la qualité inférieure est noire.

Les principaux oiseaux sont le paon, le perroquet, le faucon, le corbeau, l'aigrette, le moineau, le cormoran, la cigogne, la grue, le canard sauvage, le serin.

Il y a aussi des martins-pêcheurs dont les plumes sont, dit Tcheou-ta-kouan, « une des plus précieuses productions » du Cambodge. « Le martin-pêcheur, écrit-il, est assez difficile à prendre. Dans les forêts épaisses, il y a des étangs et dans les étangs il y a des poissons. Caché sous des feuilles, le Cambodgien se tapit au bord de l'eau. Il a dans une cage une femelle pour attirer le mâle, et, à la main, un petit filet ; il attend que l'oiseau vienne, et il le prend sous le filet. Certains jours, il en prend trois ou cinq, parfois pas un de toute la journée. »

Les Cambodgiens ne mangent pas les grenouilles ; aussi, à la nuit, pullulent-elles sur les routes. Il y a au Cambodge de très grosses crevettes, des iguanes, des tortues dont quelques-unes ont des pattes longues de huit et neuf pouces. Il existe aussi « des crocodiles gros comme des navires, qui ont quatre pattes et ressemblent tout à fait à un dragon, mais n'ont pas de cornes. »

Les abeilles sont très nombreuses. Elles produisent de la cire que l'on trouve « dans les arbres pourris » ; c'est là que les Cambodgiens vont la prendre. Chaque bateau peut en recevoir de deux à trois mille gâteaux ; un gros gâteau pèse de 15 à 20 kilogrammes ; un petit, pas moins d'une dizaine de kilogrammes.

Les habitants : leur genre de vie ; leurs occupations. — Les habitants, écrit Tcheou-ta-kouan, « ne connaissent que les habitudes des Man », c'est-à-dire des Barbares. Ils ont tous le teint très noir. « Il faut arriver jusqu'aux personnes du palais et aux femmes des familles riches pour en trouver beaucoup de blanches comme le jade, ce qui doit venir de ce qu'elles ne voient jamais les rayons du soleil. »

D'autre part, tous, à commencer par le roi,

hommes et femmes, portent le chignon, ont les épaules nues et vont pieds nus. Le roi se teint en rouge la paume des mains et la plante des pieds. Dans le peuple, les femmes seules peuvent se teindre la plante des pieds et la paume des mains ; les hommes n'oseraient pas.

En général, le costume se réduit à un morceau d'étoffe qui entoure les reins. Les femmes laissent à nu leur poitrine. Il y a beaucoup de qualités d'étoffes. Celles qui ont la plus belle couleur et dont le tissu est le plus fin sont réservées pour le roi, qui seul peut se vêtir d'étoffe à « ramages serrés ». Les grands officiers et les princes peuvent porter de l'étoffe à « ramages clairsemés ». Les simples mandarins et les gens du palais peuvent porter de l'étoffe à « deux groupes de ramages », et dans le peuple, seules les femmes sont autorisées à porter également de l'étoffe à deux groupes de ramages. Tcheou-ta-kouan raconte à ce propos qu'un Chinois, récemment arrivé dans le pays, porta de l'étoffe à deux ramages ; mais il ne fut pas poursuivi « parce que c'était un homme qui ne connaissait pas la coutume ».

Les étoffes de soie que portent les Cambodgiens viennent surtout du Siam et du Champa. Il en vient même des pays situés au delà des mers d'Occident : ce sont les plus estimées. « Les Cambodgiens ne savent tisser que le coton. Encore ne peuvent-ils filer au rouet et font-ils leur écheveau à la main. Ils n'ont pas de métier pour tisser ; ils se contentent d'attacher une des extrémités de la toile à la ceinture et continuent le travail à l'autre extrémité. Comme navette, ils n'ont que des morceaux de bambous. Récemment, des gens venus de Siam se sont adonnés à l'élevage des « vers à soie ». D'autre part, les femmes cambodgiennes ignorent les travaux de couture, tandis que les Siamoises savent coudre et repriser. C'est pourquoi, quand leurs habits sont déchirés, les Cambodgiens prennent à gages des Siamoises pour les réparer.

Les Cambodgiens portent beaucoup de bijoux. Les femmes du peuple n'ont ni épingles à cheveux, ni peignes, ni aucun ornement de tête, mais la plupart ont aux bras des bracelets d'or, aux doigts des bagues d'or comme les femmes du palais.

Le roi porte un diadème d'or. Quand il n'a pas de diadème, il enroule autour de son chignon des guirlandes de fleurs odoriférantes semblables au jasmin. Sur le cou, il a près de trois livres de grosses perles. Aux poignets, aux chevilles et aux doigts, il porte des bracelets et des bagues d'or enchâssant des œils-de-chat. Quand il sort, il tient à la main une épée d'or.

Les Cambodgiens aiment aussi beaucoup les parfums. Hommes et femmes s'oignent de parfums composés de santal, de musc et d'autres essences.

La grandeur et la forme des habitations varient suivant le rang de chacun. Le roi a un palais magnifique qui a environ deux kilomètres de tour. Les tuiles des appartements privés sont en plomb; celles des autres bâtiments sont en terre et jaunes... « A l'intérieur du palais, dit Tcheou-ta-kouan, il y a, paraît-il, beaucoup d'endroits merveilleux, mais il est impossible d'y pénétrer. »

Les habitations des princes et des grands officiers ont des dimensions plus ou moins grandes, suivant le rang officiel de chacun. Tous les bâtiments sont couverts de chaume, sauf le temple de famille et l'appartement privé qui peuvent être couverts en tuiles.

Quant aux maisons du peuple, leurs dimensions dépendent de la fortune de chacun, mais le peuple n'oserait imiter la disposition des maisons des mandarins, ni employer des tuiles comme couverture.

A l'intérieur des maisons, le mobilier est très simple. Les gens de condition moyenne n'ont ni tables, ni bancs, ni bassine, ni seau. Pour cuire le riz, ils se servent d'une marmite de terre posée sur un foyer formé de trois pierres. Ils prennent le riz avec une noix de coco et le servent dans des assiettes chinoises de terre ou de cuivre. Pour la sauce, ils emploient des feuilles d'arbres dont ils font des sortes de tasses ou de petites cuillères qu'ils jettent quand ils ont fini. Quand ils mangent, ils ont aussi, à côté d'eux, un bol d'étain ou de terre plein d'eau pour y tremper les mains, parce qu'ils mangent avec leurs doigts et que, sans cette eau, le riz, qui colle aux doigts, ne s'en irait pas. Ils boivent le vin dans des gobelets d'étain ; les pauvres emploient des écuelles de terre. Les riches utilisent parfois des récipients d'argent. A terre, on étend des nattes de rotin ou des peaux de tigre, de panthère, de cerf ou de daim. Pour dormir, les Cambodgiens n'emploient que des nattes et couchent sur les planches. Depuis peu, ajoute Tcheou-ta-kouan, ils commencent à se servir de tables et de lits très bas, faits en général par des Chinois.

Pour voyager sur terre, ils se servent de voitures semblables à celles des autres pays, de chevaux qui n'ont pas de selle et d'éléphants qui « n'ont pas de bancs pour s'asseoir ». Ils ont aussi des chaises à porteurs et des palanquins d'honneur, sculptés et décorés d'or et d'argent.

Pour voyager sur l'eau, les Cambodgiens ont des barques. Les grandes barques sont faites de planches de bois dur. Les menuisiers n'ont pas de scie et ne travaillent qu'à la hache : aussi une planche demande-t-elle beaucoup de bois et beaucoup de peine. Ils emploient encore des clous de fer et recouvrent les barques de feuilles maintenués par des lattes d'aréquier. Les petites barques sont faites d'un grand arbre creusé en forme d'auge ; elles sont larges au centre et effilées aux deux bouts. Elles n'ont pas de voiles et peuvent porter plusieurs personnes ; on ne les dirige qu'à la rame, comme les grandes barques.

Ce sont les femmes qui s'occupent surtout de commerce. Elles n'ont pas de boutiques permanentes ; elles se servent seulement d'une espèce de natte qu'elles étalent par terre. Chacun a sa place, qu'il paie à un mandarin. Pour les petits achats, on paie en marchandises (riz, objets chinois ou drap) ; pour les gros achats, on paie en or et en argent.

L'Administration.— A l'époque où Tcheou-ta-kouan voyageait au Cambodge, le royaume était composé de près de quatre-vingt-dix gouvernements vassaux, dont chaque chef-lieu était entouré d'une palissade en bois. Chaque village, dit-il, a un temple ou une tour. Tout groupe d'habitants, si peu nombreux soit-il, a un officier de police. En outre, il y avait sur les grandes routes, des lieux de repos, comme les salas d'aujourd'hui.

Il y a, dans ce pays, ajoute Tcheou-ta-kouan, des conseillers, des généraux, des astronomes, et au-dessous d'eux, toute espèce de petits employés. La plupart du temps, on choisit des princes pour les emplois; les plus hauts dignitaires ont un palanquin à brancard d'or et quatre parasols à manche d'or; les mandarins de second rang ont un palanquin à brancard d'or et un parasol à manche d'or; d'autres ont simplement un parasol d'or, ou un palanquin à brancard d'argent ou un parasol à manche d'argent. Ces parasols sont faits de taffetas rouge de Chine; ils ont des franges tombant jusqu'à terre.

Tcheou-ta-kouan nous parle aussi du prince qui régnait à Angkor au moment de son voyage. Il ne nous donne pas son nom, mais il nous apprend que c'est un usurpateur, qui était roi depuis peu. Ce nouveau roi, dit-il, est le gendre de l'ancien ; sa femme, profitant de la grande affection que le roi, son père, avait pour elle, lui déroba « l'épée d'or » et la porta à son mari. Aussitôt, le fils du roi se révolta ; mais son beau-frère put le faire prisonnier. Il lui fit couper les doigts de pied et le relégua dans une chambre obscure où il le fit mourir. Ainsi, il put devenir roi à la mort de son beau-père. Mais, une fois roi, craignant que d'autres ne cherchent à le tuer, il prit toutes sortes de précautions. C'est ainsi, dit Tcheou-ta-kouan, qu' « il ne sortait jamais sans avoir le corps protégé par une cuirasse de fer, de façon que ni les couteaux, ni les flèches ne puissent le blesser ». Et Tcheou-ta-kouan, qui, pendant tout le temps qu'il fut au Cambodge, put assister à quatre ou cinq sorties du roi, nous donne, à ce propos, la description suivante d'une de ces sorties.

Quand le prince sort, la tête de son escorte est formée de cavaliers; puis viennent des étendards, des fanions, des musiciens. On voit s'avancer ensuite de trois à cinq cents filles du palais en étoffes à ramages, des fleurs dans les cheveux, tenant à la main de grands cierges allumés même en plein jour. Une seconde troupe de filles du palais portent toute la série des ornements royaux d'or et d'argent. Puis on voit encore des filles du palais armées de lances et de boucliers: c'est la garde privée du roi.

Derrière, suivent les voitures à chèvres, les

voitures à chevaux, toutes ornées d'or. Les ministres, les princes sont montés sur des éléphants; leurs parasols rouges sont innombrables. Après eux, arrivent les épouses et concubines du roi, en palanquin, en voiture, à éléphant. Elles ont certainement plus de cent parasols garnis d'or.

Derrière elles, c'est le roi lui-même qui s'avance, debout sur un éléphant dont les défenses sont cerclées d'or, et tenant à la main la précieuse épée. Autour du roi, plus de vingt parasols blancs garnis d'or et dont les manches sont aussi en or, sont portés par des serviteurs. De nombreux éléphants et des cavaliers se pressent encore autour de lui, pour le protéger. Si le roi se rend à un endroit très voisin du palais, il ne se sert que d'un palanquin d'or, porté par quatre filles du palais.

Deux fois par jour, le roi tient audience pour les affaires du gouvernement. Il n'y a pas de liste arrêtée. Ceux des fonctionnaires ou du peuple qui désirent voir le prince s'asseoient à terre pour l'attendre. Au bout de quelque temps, on entend dans le palais une musique; les musiciens jouent pour saluer le roi. Puis on voit deux filles du palais relever un rideau derrière lequel le roi, tenant en main l'épée d'or, apparaît. Ministres et gens du peuple joignent alors les mains et frappent le sol du front; quand la musique a cessé, ils peuvent relever la tête. Si le roi les y invite, ils peuvent aussi s'approcher et s'asseoir près de lui. Quand les affaires sont terminées, le prince s'en va; les deux filles du palais laissent tomber le rideau, et tout le monde se lève.

C'est le roi qui rend lui-même la justice à ses sujets, même dans les procès les plus insignifiants. Et Tcheou-ta-kouan nous donne de curieux détails sur la manière dont les Cambodgiens de son temps comprenaient la justice.

Dans les cas très graves, au lieu de décapiter ou d'étrangler le criminel, ils l'enterrent vivant dans une fosse, où ils le font descendre et qu' « ils remplissent ensuite de terre et de pierres bien tassées ». A d'autres criminels, on se contente de couper les doigts des pieds ou des mains ou même les bras. On punit aussi certains coupables en leur donnant des coups de rotin ou en leur infligeant des amendes pécuniaires.

Tout homme qui surprend un voleur peut l'enfermer et le rouer de coups. Mais lorsque quelqu'un perd un objet et soupçonne comme voleur un autre qui s'en défend, les Cambodgiens emploient un procédé que Tcheou-ta-kouan trouve « excellent ». Ils font bouillir de l'huile dans une marmite et la personne soupçonnée y plonge la main : si elle est coupable, sa main est toute brûlée ; si elle est innocente, sa main n'a aucune brûlure.

Dans d'autres cas, lorsque, par exemple, « deux familles sont en contestation, sans qu'on sache qui a tort ou raison », les Cambodgiens ont recours à un moyen qui rappelle un peu le précédent. « Devant le palais, il y a douze petites tours de pierres. Chacun des deux adversaires s'assied sur l'une de ces tours. Au bas des deux tours sont les deux familles, se surveillant mutuellement. Après un, deux, trois ou quatre jours, celui qui a tort finit par le laisser voir de quelque façon, soit qu'il lui vienne des ulcères ou des clous, soit qu'il attrape quelque catarrhe ou fièvre maligne. Celui qui a raison n'a pas le moindre malaise. » Les

Cambodgiens appellent ce jugement le « jugement céleste », parce qu'ils pensent que ce sont les dieux qui font connaître ainsi ce qui est juste.

La justice, d'ailleurs, ne s'applique pas à tous les hommes. Il y a, en effet, au Cambodge des hommes qui « sont regardés comme tout à fait au-dessous des autres » : ce sont les esclaves. Les esclaves sont des sauvages des montagnes que les Cambodgiens vont chasser dans la forêt pour les vendre dans les villes comme serviteurs. « Ceux qui en ont beaucoup en ont plus de cent, ceux qui en ont peu en ont de dix à vingt ; seuls les très pauvres n'en ont pas du tout. »

Les bonzes. — Tcheou-ta-kouan nous dit enfin : « Tous les habitants adorent le Bouddha », et il nous parle ainsi des bonzes bouddhistes, qu'il appelle Tch'ou-kou.

Les Tch'ou-kou, dit-il, se rasent la tête, portent des vêtements jaunes, se découvrent l'épaule droite; pour le bas du corps, ils se nouent une jupe de toile jaune et vont nu-pieds.

Leurs temples peuvent être couverts en tuiles. L'intérieur ne contient qu'une image, tout à fait semblable au Bouddha Çakhyamuni. Elle est vêtue de rouge. Faite d'argile, on l'orne de vermillon et de bleu : c'est la seule image des temples. Les Bouddhas des tours sont, au contraire, tous coulés en bronze. Il n'y a ni cloche, ni tambour, ni cymbales, ni dais.

Tous les bonzes mangent du poisson et de la viande, mais ils ne boivent pas de vin. Dans leurs offrandes au Bouddha, ils emploient aussi du poisson et de la viande. Ils font un repas par jour, préparé dans la famille des hôtes, car dans les temples il n'y a pas de cuisine.

Les textes qu'ils récitent sont très nombreux ; tous se composent de feuilles de palmier entassées très régulièrement. Sur ces feuilles, ils écrivent des caractères noirs, mais sans se servir de pinceau ni d'encre.

Certains bonzes ont aussi droit au brancard de palanquin et au manche de parasol en or ou en argent ; le prince les consulte dans les affaires graves.

Les bonzes sont aussi des instituteurs. Les enfants vont à l'école dans les pagodes, où des bonzes les instruisent ; devenus grands, les enfants quittent la pagode.

Tcheou-ta-kouan a vu aussi d'autres religieux qui sont sans doute des brahmanes — les Bakou actuels — et qu'il appelle des lettrés ou Panki. « Je ne sais pas, dit-il, qui les Panki adorent. Ils n'ont rien qui ressemble à une école ou un lieu quelconque d'enseignement. Il est difficile de savoir quels livres ils lisent. On les voit s'habiller comme le reste des hommes, à l'exception d'un cordon de fil blanc qu'ils s'attachent au cou et ne quittent jamais : c'est leur marque distinctive. Il y a, ajoute-il, des Panki qui sont de très hauts mandarins. »

DEUXIÈME PARTIE

Les luttes avec les Siamois et les Annamites

CHAPITRE IV

Les incursions siamoises

L'ancien Siam : Phya Ruang. — Le récit de Tcheou-ta-kouan, qui nous donne des renseignements si précieux sur les coutumes du Cambodge au XIIIe siècle, ne nous apprend pour ainsi dire rien sur son histoire. En dehors du passage, déjà cité — où, sans nous le nommer d'ailleurs, il dit quelques mots du roi régnant, — il ne fait qu'une allusion à une guerre que le Cambodge aurait eue peu de temps auparavant avec le Siam. « Dans sa récente guerre avec les Siamois, dit-il, le pays a été dépeuplé et entièrement dévasté... On dit que les Cambodgiens ont obligé tout le peuple à combattre. »

Les Siamois — qui font partie du groupe des populations indochinoises auxquelles on donne le nom de Thaï — étaient installés depuis de nombreuses années dans le bassin du Ménam. Ils étaient gouvernés par des chefs qui furent d'abord soumis aux rois cambodgiens, comme on peut le voir sur les murs d'Angkor-vat, où des guerriers siamois marchent dans les rangs des armées cambodgiennes. Mais peu à peu ces chefs cherchèrent à se rendre indépendants. De sorte que, après avoir lutté pendant plusieurs siècles contre les Chams, leurs voisins de l'Est qu'ils avaient fini par vaincre, les rois cambodgiens allaient avoir désormais à se défendre du côté de l'Ouest contre les attaques d'autres voisins, les Siamois, qui devaient être pour eux des adversaires encore plus redoutables.

Ce fut le roi siamois *Phya Ruang*, appelé aussi *Rama Kamheng*, qui commença à porter aux Cambodgiens les coups les plus rudes.

Phya Ruang, dont la naissance, la vie et la mort ont fait l'objet des histoires les plus merveilleuses et des légendes les plus extraordinaires, devint, vers 1280, roi de Sokotai, qui était alors la capitale du Siam. Peu après son avènement, il envahit le Cambodge et le dévasta. C'est cette dévastation que Tcheou-ta-kouan indique en quelques mots ; mais le peu qu'il en dit nous permet de croire qu'elle dut être terrible.

On a retrouvé, à Sokotai, une inscription gravée par ordre de Phya Ruang, en 1292, c'est-à-dire probablement au lendemain de la guerre avec le Cambodge.

Cette inscription chante d'abord le triomphe des Thaïs. « Les habitants du pays thaï, dit-elle, n'ont pas leurs pareils en intelligence, en ruse, en courage, en audace, en énergie, en force. Ils ont un grand royaume et beaucoup d'éléphants ».

L'inscription nous décrit aussi les merveilles de la capitale du royaume. La ville avait 3.300 brasses de pourtour ; elle était entourée de nombreux canaux creusés à main d'homme ; au milieu, jaillissait une source d'eau claire. Depuis 1287, on avait commencé de grandes constructions pour recevoir des reliques bouddhiques.

Les Siamois étaient, en effet, de fervents disciples de Bouddha et bien que la Loi du Maître fût déjà connue au Cambodge depuis longtemps et suivie par de nombreux fidèles, on peut dire que c'est surtout à la suite des incursions siamoises que la religion bouddhique s'est développée au Cambodge. D'autre part, en 1292, Phya Ruang fit dresser, au milieu de palmiers, une grande terrasse destinée aux cérémonies religieuses ainsi qu'aux audiences solennelles données par le roi.

Enfin, l'inscription nous apprend qu'en 1283, Phya Ruang chargea un lettré très savant d'inventer une écriture que tous les Siamois emploieraient (celle dont ils se servent encore aujourd'hui) et qu'il ordonna de ne plus se servir de l'ancienne écriture cambodgienne que pour les livres sacrés. Il est probable, cependant, que les Siamois avaient déjà un alphabet siamois et que le lettré à qui Phya Ruang s'adressa ne fit que le perfectionner.

L'abandon d'Angkor. — Phya Ruang mourut vers 1324. Ses descendants lui succédèrent de père en fils pendant près de 150 ans.

Il est à peu près certain que tous ces rois de Siam firent de fréquentes incursions au Cambodge, d'autant plus que, dès 1350, ils transportèrent leur capitale à Ayuthia, à moins de 400 kilomètres d'Angkor. Les guerres eurent lieu surtout dans la région de Korat, mais il est probable qu'Angkor aussi fut à diverses reprises occupé par les Siamois. Nous n'avons malheureusement aucun renseignement précis sur toute cette période. A la glorieuse époque des inscriptions succèdent tout d'un coup le silence et la nuit : on dirait que les Siamois ont étouffé brusquement la splendide civilisation khmère.

On a cherché toutes sortes de raisons pour expliquer une catastrophe aussi soudaine. La plus simple, et la meilleure, donnée par M. Finot, est la composition hétérogène de l'état cambodgien.

« Une aristocratie cultivée, d'origine étrangère, recouvrait d'un brillant mais très mince vernis la masse brute de la population khmère. Or, s'il est vrai que quelques invasions ne frappent pas mortellement un peuple, elles peuvent très bien anéantir une élite et, par suite, la civilisation qui se concentre en elle, surtout quand elles s'accompagnent, comme c'est l'usage constant en Extrême-Orient, de razzias immenses de captifs. C'est sans doute à cette disparition de la partie pensante et industrieuse de la société qu'il faut attribuer l'arrêt brusque des constructions, l'interruption des documents épigraphiques, l'oubli du sanscrit.

« Quant au peuple, rien ne prouve qu'il ait fortement réagi contre l'agression ; peut-être même la salua-t-il comme une délivrance. Si l'on considère, en effet, qu'il était contraint non seulement de fournir la main-d'œuvre nécessaire à ces gigantesques constructions dont la masse étonne encore aujourd'hui, mais en outre d'assurer les services et l'approvisionnement des innombrables sanctuaires semés sur le sol de cet empire dont on pourrait dire, comme de la France du XVe siècle, qu'il était vêtu d'une robe de temples, on ne peut guère douter qu'après quelques siècles de ce régime, la population laborieuse ait été décimée et ruinée. Elle mit sans doute peu d'ardeur à défendre la cause de ces dieux rapaces, propriétaires d'esclaves et percepteurs de dîmes, et il n'est pas impossible que les mutilations systématiques constatées dans leurs temples soient l'œuvre de paysans exaspérés.

« Le vainqueur offrait, d'autre part, au vaincu une compensation précieuse ; il lui apportait une religion douce, dont les doctrines conviennent à merveille aux peuples fatigués et déchus, une religion économique, dont les ministres, voués à la pauvreté, se contentaient d'un toit de paille et d'une poignée de riz ; une religion morale dont les préceptes assuraient la paix de l'âme et la tranquillité sociale. Le peuple khmer l'accepta, on peut le croire, sans répugnance, et déposa avec satisfaction le fardeau écrasant de sa gloire. »

Cependant, si le silence des inscriptions ou l'arrêt brusque des constructions nous autorise à penser que le Cambodge fut, dès cette époque, souvent troublé par les invasions, il serait exagéré d'en déduire qu'il eût perdu du même coup toute puissance. La meilleure preuve en est dans les ambassades fréquentes que les rois de Cambodge échangèrent encore, jusqu'au milieu du xve siècle, avec l'empereur de Chine, et qui toutes nous parlent du Cambodge comme d'un pays prospère.

La dernière de ces ambassades eut lieu sans doute en 1452. C'est à peu près à la même époque que le roi cambodgien *Ponha Yat* (1415-1467), inquiet du voisinage des Siamois, dont il trouvait la capitale, Ayuthia, trop rapprochée d'Angkor, crut prudent de s'éloigner. Il transporta sa capitale à Chadomuk, c'est-à-dire aux *Quatre Bras*, à l'emplacement actuel de Phnom-penh.

Peu après, en 1473, le roi de Siam envahissait le Cambodge, s'emparait des provinces de Chantaboun, Korat et Angkor, faisait prisonnier le roi *Srey Racha*, fils cadet de Ponha Yat, et le ramenait au Siam.

Les Cambodgiens n'acceptèrent point sans résistance la domination siamoise. Dirigés par un frère de Srey Racha qui s'était retiré dans la province de Baphnom où il avait recruté une armée, ils réussirent, après trois ans de luttes (1473-1476), à chasser les Siamois du Cambodge. Le frère de Srey Racha se fit alors proclamer roi sous le nom de *Ponha Thommo Racha*.

En 1484, Srey Racha, alors âgé de 31 ans, mourait au Siam où il avait été emmené dix ans auparavant. La même année, Ponha Thommo Racha envoya des ambassadeurs au roi de Siam pour lui porter des propositions de paix et réclamer les Cambodgiens captifs, ainsi que le cadavre de son frère Srey Racha, auquel il désirait faire des funérailles suivant la coutume du Cambodge. Le roi de Siam accorda tout ce que les ambassadeurs demandaient; mais il ne voulut point que le prince Ong, un des fils de Srey Racha, qu'il avait adopté, retournât pour toujours au Cambodge : il lui permit seulement d'assister à la cérémonie de la crémation des restes de son père, à la condition qu'il reviendrait ensuite au Siam. Ce n'est assurément point par affection, dit Moura, que le roi de Siam s'obstinait à vouloir garder le prince Ong auprès de lui. La tactique de ces souverains a toujours consisté à avoir sous la main des prétendants tout prêts à devenir des compétiteurs au trône de Cambodge, au cas où ceux qui l'occupaient régulièrement auraient voulu s'affranchir de la tutelle siamoise.

Ang Chan et Barom Racha. — Ponha Thommo Racha mourut en 1494. Il eut pour successeur son neveu, le fils aîné de Srey Racha, qui transporta sa résidence de Phnom-penh à Srey-santhor. Mais un nommé Nai-kan ayant soulevé contre lui une partie de la population, il dut se réfugier dans la province de Kompong-soai, où Nai-kan, proclamé roi, le fit bientôt assassiner.

Le frère cadet du roi, *Chau Ponha Chan Racha*, s'était réfugié à Pursat. Nai-kan alla l'y attaquer. Mais il fut battu et, peu après, tué dans une nouvelle bataille. Chau Ponha Chan Racha devint alors roi sous le nom de *Ang-Chan.*

Ang-Chan est un des plus glorieux rois de Cambodge. Comme ses illustres prédécesseurs, les souverains d'Angkor, il fut à la fois un grand constructeur et un grand guerrier.

Il installa sa capitale d'abord à Babaur, puis à Lovek, qu'il embellit et fortifia. Il y construisit notamment un palais magnifique où il célébra en grande pompe, en 1529, la cérémonie de son sacre. Il embellit également Oudong, y construisit des pagodes, y fit creuser des étangs sacrés, y éleva plusieurs statues de Bouddha. Ces travaux une fois terminés, on défricha les forêts voisines pour les convertir en rizières de façon à pouvoir nourrir les nombreux desservants des temples.

Mais Ang-Chan fut aussi pour les Siamois un adversaire très redoutable. Vers 1510, en effet, le roi de Siam lui ayant réclamé l'éléphant blanc que les rois de Cambodge avaient l'habitude d'offrir comme tribut à ceux de Siam, Ang-Chan refusa. Les armées siamoises envahirent alors le Cambodge, mais elles furent battues et mises en déroute ; les Cambodgiens firent environ dix mille prisonniers qu'ils emmenèrent à Pursat.

Quelques années plus tard, vers 1524, le roi de Siam envahit le Cambodge à la fois par terre et par mer. Mais le Kralahom (ou grand amiral) battit la flotte qui essayait de débarquer des soldats sur les côtes du golfe de Siam, tandis que le roi lui-même s'avançait au devant des troupes venues par terre et leur infligeait une défaite complète dans les plaines de Pursat. Plusieurs généraux siamois furent tués et l'armée siamoise perdit, avec la moitié de son effectif, un très grand nombre d'éléphants et d'armes de toute espèce. Grâce à cette éclatante victoire, le règne de Ang-Chan s'acheva sans être troublé par aucune autre guerre.

Ang-Chan mourut en 1555 ; il eut pour successeur son fils *Barom Racha*, qui avait alors 46 ans.

A cette époque, les Siamois étaient en guerre avec les Pégouans, qui avaient assiégé Ayuthia une première fois en 1543 et avaient même réussi en 1556 à s'en emparer et à la piller complètement. Barom Racha en profita aussitôt pour attaquer de son côté les Siamois : en 1557, il envahit le Siam par Chantaboun et s'avança jusqu'à Ayuthia en ravageant tout le pays ; il ramena au Cambodge soixante-dix mille captifs et renouvela ses incursions en 1559 et en 1562.

Barom Racha fit aussi la guerre aux Laotiens. En 1561, le roi du Laos, après avoir envahi le Cambodge avec deux armées, fut obligé de battre en retraite, laissant de nombreux prisonniers qui restèrent dans la province de Baray et dans les régions voisines où leurs descendants forment encore aujourd'hui des villages distincts des villages cambodgiens. Cinq ans plus tard, en 1566, le Cambodge fut de nouveau envahi par les armées laotiennes. Cette fois encore, Barom Racha fut vainqueur, mais il mourut l'année suivante.

La prise de Lovek.— Ang-Chan et son fils Barom Racha, souverains de Lovek, avaient eu un règne aussi glorieux que leurs prédécesseurs, les souverains d'Angkor. Malheureusement, le successeur de Barom Racha, son fils *Sotha Ier*, ne fut point un aussi grand roi et l'on peut dire que c'est avec lui que commença véritablement la décadence du royaume khmer.

Sotha Ier eut un règne très court ; mais il n'en commit pas moins deux fautes dont les conséquences furent désastreuses pour le royaume de Cambodge.

La première faute fut de venir au secours des Siamois que les Pégouans avaient recommencé à attaquer. Vers 1568, en effet, le roi de Siam, qui venait de reconquérir sa capitale, Ayuthia, put chasser les Pégouans de son royaume grâce à l'appui du roi de Cambodge qui envoya à son secours cent éléphants, cent chevaux et vingt mille soldats commandés par l'Obbarach. Si Sotha ne leur avait apporté aucun secours, peut-être les Siamois eussent-ils été définitivement vaincus. Cependant, les Siamois ne lui gardèrent aucune reconnaissance de son appui. Au contraire, ils profitèrent d'une nouvelle guerre entre Laotien et Cambodgiens pour attaquer ceux-ci par l'Ouest et essayer de leur reprendre les provinces de Korat et de Chantaboun. Mais ils furent encore battus et durent demander la paix.

Cette paix dura peu, parce que Sotha Ier commit tout aussitôt après une seconde faute, plus grave encore peut-être que la première, en abdiquant, et en désignant comme roi un enfant de huit ans (Chey Chettah). Cette décision du roi mécontenta tous les Cambodgiens. Il y eut de nouveaux troubles dans le royaume et, naturellement, les Siamois en profitèrent pour recommencer la guerre.

En 1581, le roi de Siam envahit le Cambodge à la tête d'une armée de cent mille hommes, huit cents éléphants et mille huit cent cinquante chevaux. Il reprit les provinces de Korat, Chantaboun et Angkor et vint assiéger Lovek dont il ne put s'emparer. Six ans plus tard, il revint attaquer la ville avec des forces plus considérables, peut-être même des canons, et réussit à la prendre.

D'après les Annales cambodgiennes, à la prise de Lovek, l'Obbarach seul serait tombé aux mains du vainqueur et le roi cambodgien aurait pu, avec ses deux fils, s'enfuir au Laos. Les Annales siamoises affirment, au contraire, non seulement que le roi de Siam fit égorger son ennemi, mais qu'il se lava les pieds dans son sang, comme il en avait fait serment.

Les Cambodgiens racontent au sujet de la prise de leur capitale la curieuse histoire suivante, rapportée par Janneau :

« La citadelle de Lovek, disent-ils, était immense : le cheval le plus vigoureux ne pouvait en faire le tour au galop. Elle était protégée par une véritable forêt de bambous que l'on avait plantés tout autour de la ville. A l'intérieur, on avait élevé deux statues de Bouddha, appelées Prea Kou et Prea Keo ; leur ventre renfermait des livres sacrés où l'on pouvait apprendre des formules de prières et toutes les connaissances qu'un homme peut acquérir dans n'importe quel domaine.

« Le roi de Siam, qui convoitait le Prea Kou et le Prea Keo, leva une armée et vint mettre le siège une première fois devant Lovek, mais n'ayant pu réussir à s'emparer de la ville, il eut l'idée de placer dans les fusils de ses soldats des balles d'argent, qu'il fit tirer de façon qu'elles pussent tomber tout autour de la forteresse. Puis les Siamois levèrent le siége et repartirent au Siam.

« Quand les Cambodgiens se furent aperçus que les balles tirées par les Siamois étaient des balles d'argent et qu'elles étaient tombées au milieu des bambous, ils s'empressèrent de couper et d'abattre tous ces bambous, pour ramasser plus aisément l'argent. Alors les Siamois revinrent, et la ville n'étant plus protégée, ils purent s'en emparer facilement, et y prendre les deux statues qu'ils emportèrent au Siam. C'est depuis cette époque, ajoutent les Cambodgiens, que le peuple khmer est resté inférieur au peuple siamois dans toutes les branches des connaissances. ».

Et de fait, la prise de Lovek marque incontestablement la fin de la puissance du royaume khmer. A partir de ce moment, le Cambodge n'allait plus être qu'un champ de bataille pour ses voisins, Siamois ou Annamites, jusqu'au jour où les Français, vainqueurs des Annamites et redoutés des Siamois, devaient lui assurer la paix et la tranquillité.

CHAPITRE V

Les empiètements annamites

Les premières relations des Cambodgiens avec les Annamites. — La prise de Lovek eut pour résultat immédiat de placer le royaume de Cambodge « dans une condition de vassalité plus ou moins avouée mais réelle » et qui explique sans doute pourquoi le prince cambodgien *Soriyopor* ne se fit couronner roi qu'en 1613, alors que, paraît-il, il gouvernait le royaume depuis vingt-trois ans. Quelques années plus tard, d'ailleurs, Soriyopor abdiquait en faveur de son fils, *Chey Chettah II*.

Chey Chettah II, qui avait passé la plus grande partie de sa vie au Siam, ne semble pas en avoir conservé un très bon souvenir, car, à peine roi, il entra en relations avec ses voisins de l'Est, les

Annamites, qui achevaient peu à peu la conquête du Champa et fondaient à sa place le royaume de Cochinchine. Leurs souverains, appartenant à la famille des Nguyên, avaient pris le nom de Seigneurs du Sud et fixé leur capitale à Hué. Le souverain annamite qui régnait alors songeait à étendre les limites de son royaume au delà des frontières de l'ancien Champa. Il fut heureux de voir son voisin le roi de Cambodge se rapprocher de lui, et il lui donna même une de ses filles en mariage. La princesse annamite était, dit-on, très belle : elle sut se faire aimer de son époux qui lui conféra le titre de la « première reine ». Les Annamites devinrent alors les amis et les alliés des Cambodgiens.

Grâce à l'appui de ces nouveaux alliés, le roi de Cambodge put vaincre à deux reprises, en 1621 et en 1623, les attaques des Siamois. Mais Chey Chettah s'aperçut bien vite que l'amitié des Annamites n'était point désintéressée. Dès 1623, des ambassadeurs venant de Hué et portant de riches présents arrivèrent à Oudong où résidait le roi : ils demandaient de la part du Seigneur du Sud l'autorisation d'installer des cultivateurs et des commerçants dans la région où se trouve aujourd'hui Saigon et qui constituait alors l'extrêmité méridionale du Cambodge. La reine insista auprès de son mari pour que la demande de ses compatriotes fut bien accueillie et le roi Chey Chettah finit par céder : ce fut le premier empiètement des Annamites sur le territoire du Cambodge.

Le roi musulman. — Chey Chettah II mourut vers 1625. Il eut pour successeur son fils *Ponha To*, qui gouverna sous la tutelle de son oncle *Outey*, frère de Chey Chettah. Mais, à la suite d'un voyage à Angkor-vat, Ponha To s'enfuit avec la femme de son oncle. Celui-ci se mit à leur poursuite et, les ayant atteints, les fit mettre à mort. Outey fit alors couronner un des frères de Ponha To, appelé *Ponha Nu*. Mais Ponha Nu mourut bientôt. Il eut pour successeur le propre fils de Preah Outey, *Ang Non*, qui avait alors vingt ans et que la plupart des grands et le peuple furent heureux de voir devenir roi. Malheureusement, peu après son avènement, en 1642, un fils de Chey Chettah II et d'une Laotienne, le prince Chan, fit massacrer Ang Non, Outey et plusieurs grands du royaume. Puis, s'étant proclamé roi, il épousa une femme malaise et se fit musulman.

Les Chams et les Malais étaient alors très nombreux au Cambodge où ils venaient s'installer, fuyant devant les Annamites qui les chassaient progressivement de l'ancien Champa, leur pays. Déjà puissants par leur nombre, ils devinrent plus puissants encore lorsque Chan se fit musulman, car le roi leur distribua les meilleures places. Cependant, les princes cambodgiens, mécontents de voir leur roi s'entourer uniquement de Malais et de Chams, excitèrent contre lui le peuple qui surnomma Chan : « le renégat (*Chol sas*) » ; puis, sur les conseils de la reine annamite, veuve de Chey Chettah II, ils demandèrent l'appui du Seigneur du Sud, qui était alors Hien-vuong.

Hien-vuong, dont le royaume s'étendait déjà jusqu'au Binh-thuan, se trouvait ainsi le voisin immédiat de ce fertile delta cambodgien où, depuis 1623, ses sujets émigraient chaque année de plus en plus nombreux. Il fut très heureux de l'occasion qui lui était offerte d'intervenir au Cambodge. Il y envoya aussitôt une armée sous les ordres du gouverneur du Phu-yen. Au premier combat, les Cambodgiens furent mis en déroute et le roi Chan fut fait prisonnier (1658). D'après certains récits, Chan fut emmené jusqu'au Quang-binh, puis remis en liberté et même replacé sur le trône, à condition de payer tribut au Seigneur de Hué et de lui céder la région de Bienhoa. En tout cas, il mourut peu après (1659).

A partir de ce moment, l'histoire du Cambodge devient extrêmement confuse. La succession des rois est à peu près impossible à établir. On en compte parfois jusqu'à quatre à la fois, ayant chacun sa résidence et se partageant le pouvoir, sans parler des princes qui le leur disputent. Un fait, du moins, apparaît très nettement, dans cette histoire désormais si embrouillée, c'est que les princes cambodgiens, divisés entre eux, appellent à leur secours soit les Siamois, soit les Annamites, et que Siamois et Annamites se disputent le Cambodge comme une proie qu'ils s'arrachent l'un à l'autre, lambeau par lambeau. Et c'est pourquoi, à partir de cette date, l'histoire du Cambodge se réduit à l'histoire de son démembrement.

Les démembrements successifs du royaume. — Vers 1674, une rivalité éclate entre un petit-fils de Chey Chettah II *(Ang-Chey)* et un petit-fils de Outey (*Ang-Non II*). Ang-Non, qui s'était réfugié en Annam, tue Ang-Chey et, avec l'appui des Annamites, se fait reconnaître roi. L'année suivante, le frère de Ang-Chey, ***Ang-Sor***, se révolte contre Ang-Non et se proclame roi sous le nom de *Chey Chettah IV*. Ang-Non se réfugie de nouveau chez les Annamites. Ceux-ci interviennent encore et les deux princes Ang-Non et Chey Chettah sont obligés de se reconnaître tributaires de l'Annam. Il semble bien qu'il y ait eu, à partir de ce moment, deux rois au Cambodge : l'un résidant à Saigon, l'autre résidant à Oudong.

C'est également à cette époque (1680), que se place un événement qui devait avoir par la suite de très grosses conséquences : l'arrivée sur les rivages d'Indochine de plusieurs centaines d'immigrants chinois ayant quitté la Chine pour ne pas se soumettre aux nouveaux empereurs mandchous. Les uns, sous la conduite d'un certain Mac-Cuu, vinrent s'établir directement dans la région de Hatien, où Mac-Cuu obtint du roi de Cambodge l'emploi de fermier des jeux. D'autres, s'étant arrêtés d'abord à Tourane, demandèrent à Hien-vuong de les accueillir dans son royaume. Celui-ci, qui ne tenait pas à les voir s'établir trop près de sa capitale, les envoya dans la région de Saigon, où ils fondèrent rapidement des établissements de commerce prospères et où ils aidèrent ainsi les Annamites à affermir de plus en plus leur domination dans cette partie du Cambodge. Il est probable, en effet, que ces Chinois prirent part aux diverses expéditions de Ang-Non contre Chey Chettah IV.

En 1683, Ang-Non, avec une armée de Cambodgiens, de Chinois et d'Annamites, s'empara des provinces actuelles de Soctrang et de Travinh, puis remonta au Nord jusque vers Oudong. Battu à Kos-teng, il se réfugia à Srey-santhor, où il éleva une citadelle. Il recommença la lutte en 1684, puis en 1689. Chaque fois, il fut obligé de battre en retraite. Il revint encore en 1691, à la tête d'une armée annamite de vingt mille hommes, avec laquelle il remonta le fleuve jusqu'à Phnom-penh ; mais, battu de nouveau, il fut abandonné des Annamites et dut se réfugier dans sa citadelle de Srey-santhor, où il mourut bientôt (1692).

Peu après, en 1695, Chey Chettah IV abdiquait pour se faire bonze ; mais son neveu, à qui il avait confié le pouvoir, mourut après dix mois de règne et Chey Chettah fut obligé de quitter la bonzerie pour redevenir roi.

Trois ans plus tard, il abdiquait encore en faveur de son gendre *Ang-Em* ; mais celui-ci, se sentant incapable de gouverner, renonçait au trône au bout de deux ans et Chey Chettah redevint roi pour la troisième fois (1701). Presque aussitôt après, le gouverneur cambodgien de Phnom-penh ayant livré la ville aux Annamites, Chey Chettah dut se réfugier à Pursat. Il en revint avec une armée et marcha contre les Annamites. Ceux-ci furent complètement battus à Kompong-chnang et durent redescendre le fleuve. Ils s'arrêtèrent dans la région qui s'étend de Saigon à Baria et ils en firent une grande province gouvernée par un de leurs généraux qui résida à Saigon.

Quand il eut repoussé cette nouvelle invasion, le roi Chey Chettah, qui n'avait aucun plaisir à être roi, abdiqua encore (début de 1702). Cette fois ce fut en faveur de son seul fils *Thommo Racha* ; mais ce prince, âgé seulement de douze ans, était trop jeune pour gouverner, de sorte que son père fut obligé, pour la quatrième fois, de reprendre la couronne. Il ne la garda d'ailleurs que quatre ans. Dès que Thommo Racha eut atteint sa seizième année (1706), Chey Chettah le couronna à nouveau et quitta le pouvoir définitivement.

Thommo Racha ne régna que quatre ans. Son beau-frère, l'ancien roi Ang-Em, qui avait renoncé à la couronne en 1701, eut envie de la reprendre. La famille royale du Laos s'était réfugiée au Cambodge, en 1704, avec une suite très nombreuse et le roi de Cambodge, en 1709, voulut grouper ces immigrants laotiens pour mieux les surveiller ; mais ceux-ci, mécontents, se révoltèrent. *Ang-Em* profita de cette révolte pour appeler une armée annamite, avec laquelle il marcha contre le roi, qui dut fuir au Siam (1710).

Thommo Racha chercha à diverses reprises à reprendre sa couronne. Il fomenta une révolte dans la province de Pursat, mais Ang-Em en fut vainqueur. Le roi de Siam envoya alors une flotte vers Hatien, où elle fut battue par le Chinois Mac-Cuu qui, sans rompre tout à fait avec son premier suzerain, le roi de Cambodge, venait de se placer sous la protection du souverain de Hué et par suite soutenait Ang-Em, allié des Annamites. Mais, en même temps, une armée de terre s'avançait jusqu'à Oudong, avec Thommo Racha. Ang-Em, craignant d'être vaincu, demanda à faire la paix et se soumit au roi de Siam avec qui il signa un traité. Le roi de Siam reconnut Ang-Em comme roi de Cambodge, puis repartit avec son armée en abandonnant Thommo Racha. A partir de cette époque, les rois cambodgiens prirent l'habitude, au moment de leur avènement, d'adresser au roi de Siam des présents et des fleurs d'or en signe de vassalité.

En 1722, Ang-Em, comme autrefois Chey

Chettah IV, abdiqua pour se faire bonze : il eut pour successeur son fils *Sotha II*. Dans le courant de 1730, un Laotien, se disant envoyé de Bouddha, excita un certain nombre de Cambodgiens à massacrer des Annamites. Le roi envoya contre lui des soldats qui dispersèrent ses partisans ; mais l'empereur d'Annam voulut venger lui-même ses sujets ; à deux reprises, il envahit le Cambodge et remonta jusqu'à Phnom-penh. Battu, les deux fois, il dut redescendre le Mékong, mais il s'installa à Vinhlong et à Mytho, qu'il annexa, dit-il, « en paiement des Annamites massacrés par le fou laotien ».

Peu après, les Annamites, toujours à la faveur des luttes que se faisaient entre eux les princes cambodgiens, obtenaient d'un roi qu'ils avaient aidé à monter sur le trône (Outey II), la cession définitive des provinces de Travinh et de Soctrang. Et ils ne se contentèrent pas de ce cadeau. Ils étendirent bientôt leur domination jusqu'à Sadec et même à Chaudoc, où ils construisirent des forteresses et mirent des soldats.

Ainsi, en un siècle, les Annamites s'étaient

rendus maîtres de presque toute la Cochinchine actuelle. Ils étaient même sur le point d'annexer le Cambodge, lorsque la révolte des Tayson éclata.

Le Cambodge vassal du Siam et de l'Annam. — Cependant si la révolte des Tayson (1) arrêta pendant quelque temps les empiètements des Annamites, elle n'arrêta point ceux des Siamois.

La capitale du Siam, Ayuthia, avait été prise et détruite, le 8 avril 1767, par les Birmans qui avaient emmené le roi en captivité. Un mandarin siamois, Phya-Tak, ayant réussi, l'année suivante, à chasser les Birmans, se proclama roi et transporta sa capitale à Bangkok, sur la rive droite du Ménam.

A peine roi, il envoya au roi de Cambodge des ambassadeurs chargés de lui remettre la lettre suivante : « Le Cambodge et le Siam ont eu de tous temps des relations amicales. Les ambassadeurs de l'une et l'autre cour allaient et venaient constamment pour entretenir ces bons rapports. J'espère

---

(1) Sur la révolte des Tayson, voir MAYBON et RUSSIER, *Lectures sur l'histoire d'Annam*.

que ces traditions seront continuées, malgré le changement que des événements impérieux ont amené dans le gouvernement du royaume de Siam. »

Après avoir lu cette lettre, le roi de Cambodge répondit : « Sans doute, des relations de bon voisinage ont pu exister entre les membres des deux familles royales, mais je ne saurais me résoudre à traiter sur le pied de l'égalité un homme qui, quelle que soit sa valeur propre, n'est après tout que le résultat de l'union d'un marchand chinois avec une siamoise sortie du peuple. »

Se tournant ensuite du côté des ambassadeurs, le roi dit : « Les rapports amicaux qui existaient entre le Siam et le Cambodge ont cessé à partir du moment où un aventurier étranger s'est assis sur le trône des anciens rois de votre pays ». Les ambassadeurs s'inclinèrent et s'en allèrent rapporter à leur maître la réponse de son voisin.

Profondément humilié par cette réponse Phya-Tak suscita contre le roi de Cambodge un prétendant qui vivait à Bangkok. Ce prétendant, qui devint roi sous le nom de *Ang-Non III*, ne régna que quatre ans. Il fut mis à mort par des mandarins qui donnèrent la couronne à un de ses fils, âgé de 6 ans, *Ang-Eng*, espérant être eux-mêmes les maîtres véritables du royaume.

Phya Tak crut le moment propice pour conquérir le Cambodge. Il y envoya une nouvelle armée, et le Cambodge allait peut-être devenir une province siamoise lorsqu'une révolte éclata au Siam contre le roi subitement devenu fou. Les deux généraux qui commandaient l'armée siamoise au Cambodge revinrent aussitôt à Bangkok avec leurs soldats et se proclamèrent l'un roi, l'autre second roi (1782). Ils firent périr Phya Tak et sa famille, transportèrent la capitale sur la rive gauche du Ménam et fondèrent la dynastie qui règne encore aujourd'hui au Siam.

Pendant ce temps, les mandarins cambodgiens qui détenaient le pouvoir à la place du jeune Ang-Eng se massacraient entre eux. L'un d'eux, Bên, qui s'était proclamé régent et premier ministre, dut s'enfuir au Siam : il emmenait avec lui le jeune roi pour le faire couronner par le roi de Siam, montrant ainsi que les rois de Cambodge n'étaient que des sujets du roi de Siam. Puis une armée siamoise le ramena dans son royaume. Cette armée était commandée par Bên, à qui Ang-Eng donna le gouvernement de Battambang, d'Angkor et des autres provinces situées à l'Ouest du Grand Lac. Bên s'y installa avec ses troupes siamoises et ne reconnut plus que l'autorité du roi de Siam.

Ang-Eng mourut en 1796. Il avait seulement vingt-quatre ans et ne laissait que des enfants en bas âge dont l'aîné, Ang-Chan, n'avait pas plus de cinq ans. Le royaume fut alors gouverné par un régent nommé *Ten*. Quand Ang-Chan eut quatorze ans, on le conduisit à Bangkok pour le faire couronner par le roi de Siam. Il revint ensuite au Cambodge accompagné d'une magnifique escorte.

Cependant, le souverain d'Annam, avec l'appui qu'il avait obtenu de la France grâce à l'évêque d'Adran, avait réussi à vaincre définitivement les Tayson ; il avait établi sa domination sur tous les pays annamites et s'était proclamé empereur sous le nom de Gia-Long. Ang-Chan craignant sa puissance, lui envoya, dès 1807, une ambassade avec le tribut habituel des vassaux : des éléphants, de l'ivoire, de la cire et du cardamome.

Ainsi, le Cambodge se plaçait sous la double protection des Annamites et des Siamois : c'était le plus sûr moyen de hâter sa ruine.

Vers 1810, Ang-Chan envoya à Bangkok ses deux frères, Ang-Snguon et Ang-Duong, avec une députation de grands mandarins et les cadeaux d'usage, pour assister aux funérailles du roi de Siam. Le nouveau roi les reçut avec bienveillance, leur conféra des dignités et prescrivit à leur frère de leur donner, suivant la coutume, des apanages. Ang-Chan trouvant que le roi de Siam abusait de son autorité, fit mettre à mort les deux ministres qui avaient accompagné ses frères à Bangkok. Ang-Snguon prit peur et s'enfuit à Pursat, d'où il appela les Siamois à son secours. Ceux-ci envahirent alors le Cambodge et Ang-Chan dut se réfugier à Saigon (1812), où il se plaça sous la protection de Gia-Long. Gia-Long lui donna une flotte et une armée de vingt mille hommes commandée par Le-van-Duyet qui marcha sur Oudong et rétablit Ang-Chan sur le trône (mai 1813).

Chassés de la capitale du Cambodge, les Siamois cherchèrent une compensation : ils occupèrent les provinces de Stung-treng, de Tonlé-repou et Melou-prey et s'installèrent définitivement dans la région de Siemréap, Battambang et Sisophon. Ils entreprirent, cependant, une nouvelle expédition en 1832. Leur armée, commandée par le général Bodin, s'empara de Oudong, prit Chaudoc et arriva jusqu'à Vinhlong où Ang-Chan avait fui ; mais là, Bodin fut arrêté par les Annamites qui l'obligèrent à battre en retraite et le poursuivirent jusqu'à Oudong où ils installèrent de nouveau Ang-Chan comme roi (1833). Puis ils quittèrent le Cambodge tout en laissant à Phnom-penh une petite armée sous les ordres du général Truong-minh-Giang.

Ang-Chan mourut l'année suivante. Truong-minh-Giang réussit à lui faire donner pour successeur sa fille cadette, *Ang-Mey*, au lieu de l'un de ses frères, Em ou Duong, que les Annamites trouvaient trop amis des Siamois. Truong-minh-Giang fut le vrai roi de Cambodge ; mais il se montra si dur que les Cambodgiens se soulevèrent contre lui. Il en profita pour exiler à Hué la reine Ang-Mey et pour prendre lui-même le pouvoir.

Alors, les ministres demandèrent au roi de Siam de leur envoyer le frère cadet de Ang-Chan, le prince Ang-Duong, qu'il gardait à Bangkok, et de les aider à chasser les Annamites. Aussitôt le roi de Siam donna à Ang-Duong une armée commandée par Bodin qui envahit le Cambodge, tandis qu'une flotte débarquait des troupes vers Kampot. Après trois ans de luttes sanglantes où ils furent tantôt vainqueurs tantôt vaincus, le roi d'Annam et le roi de Siam firent la paix : ils reconnurent Ang-Duong comme roi de Cambodge, et c'est devant leurs représentants que Ang-Duong fut couronné à la fin de 1847.

CHAPITRE VI

L'Intervention française

Les premiers Européens au Cambodge. — Les Français ne furent pas les premiers Européens qui vinrent au Cambodge. Ils y furent précédés, dès le milieu du XVIe siècle, par des Portugais et des Espagnols qui avaient déjà fondé des colonies en Extrême-Orient et dont les missionnaires cherchèrent à convertir les Cambodgiens à la religion chrétienne. Ces missionnaires portugais et espagnols furent d'abord très bien reçus par le peuple et par les bonzes qui ne regardaient point comme des ennemis les prêtres du « Bouddha d'Occident ». Les rois aussi leur firent bon accueil, parce qu'ils espéraient que ces étrangers pourraient leur procurer contre leurs ennemis siamois l'appui des puissantes nations d'Occident.

Vers la fin du XVIe siècle, deux Européens, le Portugais Diego Belloso et l'Espagnol Blas Ruiz de Herman Gonzalès, vivaient à la cour du roi de Cambodge à qui ils servaient de conseillers ; l'un d'eux, Belloso, avait même épousé une cousine du roi. Après la prise de Lovek, Belloso et Blas Ruiz furent faits prisonniers par les Siamois. Ruiz réussit à s'évader et à se réfugier à Manille, où Belloso venait précisément d'être envoyé pour demander l'appui des Espagnols contre le Cambodge. Le hasard ayant réuni les deux anciens compagnons, ils cherchèrent à obtenir l'appui des Espagnols en faveur du Cambodge. On leur donna quelques soldats avec lesquels ils vainquirent l'usurpateur qu'ils tuèrent et firent reconnaître roi le fils cadet de Chey Chettah Ier (1596). Mais peu après (1598), ils étaient tués eux-mêmes dans une révolte de Chams et de Malais.

C'est également vers cette époque que les premiers missionnaires français arrivèrent au Cambodge.

Les marchands suivirent de près les missionnaires. Dès le début du XVIIe siècle, des navires hollandais vinrent au Cambodge pour faire du commerce. Malheureusement, les rivalités qui éclatèrent entre les étrangers arrivant au Cambodge, en même temps que les guerres continuelles qui dévastèrent le pays, ne permirent ni aux marchands ni aux missionnaires de fonder des entreprises durables.

Les principales chrétientés, situées dans le voisinage de Oudong, la capitale : à Ponha-lu (Thonol) et à Pambrychhom, eurent une existence très précaire jusqu'à l'avènement de Ang-Duong. Ce souverain, en effet, se souvenant de l'appui que Gia-Long avait obtenu de la France, grâce à l'évêque d'Adran, essaya de nouer des relations avec les missionnaires de la Basse-Cochinchine : il envoya secrètement quelques chrétiens les inviter à venir au Cambodge et leur fit le meilleur accueil quand ils arrivèrent.

Le roi Ang-Duong (1). — Ang-Duong était

(1) Les renseignements qui suivent et qui sont relatifs soit à la personne, soit au règne du roi Ang-Duong, sont empruntés presque entièrement à MOURA, *Le Royaume du Cambodge*, II, p. 135-136.

un prince intelligent et instruit. Il encourageait les savants et mettait à la disposition de ceux qui voulaient s'instruire tout ce dont ils avaient besoin : il leur donnait même de l'argent. Il se plaisait dans la compagnie des bonzes érudits et aimait à causer avec eux sur la religion ou sur les langues anciennes de l'Inde, notamment sur le sanscrit et le pâli.

Il était aussi très dévot et même superstitieux. L'histoire suivante, rapportée par Moura, est suffisamment caractéristique. Bouddha ayant interdit à ses disciples de tuer aucun être vivant, le roi Ang-Duong se crut obligé de défendre à son tour la pêche au moyen de barrages, bien que ce procédé de pêche, pratiqué de tout temps, permît de saler une très grande quantité de poissons et, par suite, d'en faire un commerce d'exportation important ; il n'autorisa que les demi-barrages en travers des cours d'eau, de façon à ne laisser pêcher que le poisson nécessaire à la nourriture des habitants du pays. Le kralahom Mo ayant, malgré les ordres du roi, affermé des pêcheries sans stipuler sur les contrats que seuls les demi-barrages étaient permis, fut arrêté et mis à la chaîne, où il mourut de désespoir. Bien plus, le roi qui, malgré l'excessive sévérité du châtiment infligé au kralahom, craignait de n'avoir pas suffisamment apaisé la colère de Bouddha, fit décapiter le cadavre de son ancien ministre et exposer la tête sur la place publique.

Une exécution si exemplaire d'un de ses propres ministres montre, d'autre part, combien le roi était absolu : mais cet absolutisme n'excluait pas un profond esprit de justice. Ang-Duong présidait régulièrement des séances où il obligeait les princes et les mandarins à assister ; il recevait là les pétitions, les réclamations et y faisait droit à l'occasion. Il n'était sévère que pour les mandarins prévaricateurs ; il n'aimait ni les ivrognes, ni les joueurs, ni les fumeurs d'opium : il les réprimandait en public, les faisait frapper ou même mettre à la chaîne s'ils ne se corrigeaient point.

Il se préoccupa aussi de reviser les codes cambodgiens ; il fixa un maximum d'intérêt de 30 % par an et décida qu'aucune créance ne serait valable si le créancier ne pouvait fournir comme preuve un billet signé par son débiteur.

Il exigeait peu de corvées de ses sujets, ne les réquisitionnait point au moment des travaux des champs et leur faisait souvent remise d'une partie de leurs prestations. Sous son règne, les impôts furent modérés et employés en grande partie à des travaux d'utilité publique.

C'est ainsi qu'il fit construire par corvées une grande route allant de Oudong, la capitale, à Kampot, l'unique port de mer du Cambodge. Cette route n'était en réalité qu'une piste à travers la forêt que l'on débroussaillait largement à droite et à gauche. Au passage des rivières, il y avait des ponts solides et, tout le long de la route, on avait construit des salas, pour permettre aux voyageurs de se reposer, ou creusé des mares pour donner à boire aux bêtes : un embranchement réunissait cette route à Phnom-penh ; mais, à cause de l'inondation annuelle de la région qu'elle traversait, on avait dû faire une chaussée très élevée. Ang-Duong fit faire aussi de Oudong à Kompong-luong, sur le Tonlé-sap, une très belle route pour laquelle il fallut encore une chaussée surélevée.

Ang-Duong employa également une partie des

revenus du royaume à de bonnes œuvres, car il était très charitable. Il fit construire sur le bord d'un bassin à Oudong, un immense pavillon où on distribuait l'aumône aux bonzes et où les malheureux trouvaient chaque jour du riz cuit pour eux et pour leurs enfants. Quelque temps avant sa mort il consacrait ses économies à racheter des esclaves.

Le progrès des annexions siamoises ou annamites. — Pendant que Ang-Duong employait ainsi son intelligence, son activité et sa générosité à ramener l'ordre et la prospérité dans son malheureux royaume, les souverains annamites ou siamois, ses voisins, continuaient sans relâche, chacun de son côté, l'annexion des dernières parcelles du territoire cambodgien. Etablis dans les provinces occupées par leurs troupes au cours de leurs fréquentes interventions dans les affaires du Cambodge, ils s'y fortifièrent et les administrèrent directement.

Cette annexion, dit Moura, fut d'autant plus facile au Sud qu'un grand nombre d'habitants abandonnèrent leurs villages pour aller se fixer sur les territoires demeurés cambodgiens et ne plus être soumis aux Annamites. Or, à mesure que les Cambodgiens s'en allaient, des Annamites ou des Chinois arrivaient pour s'installer dans la région abandonnée. Les mandarins annamites leur offraient à très bon marché des terrains, de sorte qu'au bout de peu de temps l'immense delta du Mékong fut couvert de rizières cultivées par des Annamites ou des Chinois.

Dans le Nord, les Siamois procédèrent autrement. Ne pouvant pas se passer des Cambodgiens, ils firent tout ce qu'ils purent pour les empêcher de s'éloigner. Ils choisirent les gouverneurs des provinces annexées parmi les anciens mandarins cambodgiens, auxquels ils abandonnèrent provisoirement le produit des impôts moyennant une minime redevance envoyée à Bangkok chaque année. Ces gouverneurs étaient ainsi comme de petits rois tributaires du Siam, à peu près indépendants, à cause de leur éloignement de Bangkok, et bénéficiant d'avantages qu'ils n'auraient jamais pu espérer au Cambodge. A leur tour, ces mandarins s'efforcèrent de rendre supportable à leurs administrés la « protection siamoise ». Au début, ils diminuèrent les impôts et les corvées, accueillirent avec bonté tous les fugitifs qui arrivaient du Cambodge et favorisèrent par tous les moyens leur établissement. Et c'est ainsi que, petit à petit, l'immense province de Battambang se peupla d'individus de toutes les races et devint très riche.

D'autre part, non contents, suivant le mot de Moura, de réduire ainsi le vaste royaume khmer d'autrefois à « une sorte de propriété foncière pouvant à peine donner de quoi vivre aux descendants des anciens rois », les souverains siamois et annamite ne négligeaient aucune occasion d'amoindrir l'autorité de l'infortuné roi de Cambodge. C'est ainsi, par exemple, qu'il était obligé d'envoyer ses fils s'instruire à Bangkok. C'est ainsi également qu'en 1858, une révolte de Malais et de Chams ayant éclaté dans la région de Chaudoc, et les révoltés poursuivis par Ang-Duong lui-même s'étant réfugiés en territoire annamite, les mandarins annamites refusèrent de les livrer.

On comprend, dans ces conditions, que Ang-Duong ait cherché un appui contre ses dangereux voisins. Dès 1854, il se décida à envoyer un de ses ministres auprès du consul de France à Singapour pour demander la protection de la France. Mais le roi de Siam ayant appris qu'un Français, M. de Montigny, allait arriver à Oudong pour signer un traité avec le Cambodge, menaça Ang-Duong d'une nouvelle guerre s'il accueillait favorablement M. de Montigny. Ang-Duong eut peur, chercha toutes sortes de prétextes pour ne pas recevoir l'ambassadeur français, de sorte que celui-ci, devant toutes les hésitations du roi, renonça à lui faire signer le traité qu'il avait demandé. L'année suivante (1856), Ang-Duong demandait au Siam de lui renvoyer son fils aîné après lui avoir donné le titre d'Obbarach. Trois ans plus tard, il mourait sans avoir encore signé de traité d'alliance avec la France, qui, depuis quelques mois, s'était emparée de Saigon et par suite était devenue, vers le Sud, le voisin immédiat du Cambodge.

Le traité de 1863. — Ang-Duong eut pour successeur son fils aîné, *Norodom*. Un frère de Norodom, Sivotha, refusa de le reconnaître pour roi et se révolta contre lui. Norodom dut se réfugier d'abord à Battambang, puis à Bangkok (août 1861). Il emportait avec lui les insignes de la royauté : la couronne, l'épée sacrée et le sceau royal. Quelques mois plus tard, en mars 1862, Norodom, aidé des Siamois, débarquait à Kampot d'où il regagnait Oudong, sa capitale. Mais les Siamois avaient gardé à Bangkok les insignes de la royauté et ils avaient placé auprès de Norodom, comme conseiller, un mandarin siamois qui était le véritable maître du Cambodge.

En septembre 1862, Norodom, reçut la visite de l'amiral Bonnard, gouverneur de la Cochinchine. L'amiral fut frappé de l'influence considérable que les mandarins siamois avaient sur Norodom. Et pour bien marquer que la France ne permettrait pas au roi de Siam de considérer le Cambodge comme une de ses provinces, il refusa de lui livrer, comme il l'avait demandé, des partisans de Sivotha réfugiés en Cochinchine.

L'année suivante, le nouveau gouverneur de la Cochinchine, l'amiral de la Grandière, envoyait auprès de Norodom un officier de marine, le commandant Doudart de Lagrée; puis il se rendit lui-même à Oudong, où il fit signer à Norodom un traité de paix et d'amitié (11 août 1863).

Par ce traité « l'empereur des Français consentait à transformer en protectorat les droits de suzeraineté » qu'il tenait de l'empereur d'Annam auquel il avait succédé dans les provinces de Cochinchine, et à qui le Cambodge payait le tribut depuis 1807.

L'empereur des Français accordait sa protection au roi de Cambodge et plaçait auprès de lui un résident français ayant rang de grand mandarin. De son côté, le roi pouvait placer un représentant à Saigon auprès du gouverneur de la Cochinchine (art. 1, 2 et 3).

Aucun consul d'une autre nation que la France ne pourrait résider auprès du roi de Cambodge ou dans aucun lieu de ses Etats, sans que le gouverneur de la Cochinchine en fût informé et se fût entendu à cet égard avec le roi de Cambodge (art. 4).

Les sujets français pourraient, en toute liberté, posséder et s'établir dans toutes les provinces et dépendances du royaume de Cambodge, sous la seule condition de prévenir le grand mandarin cambodgien qui leur délivrerait un permis (art. 5). La même faveur était accordée aux sujets cambodgiens dans toute l'étendue de l'empire français (art. 6).

Quand il y aurait des différends entre Cambodgiens et Français, le résident français aurait le droit d'intervenir d'abord à l'amiable ; mais si l'accord était impossible, le résident devait juger le procès d'accord avec un magistrat cambodgien. Le résident n'aurait jamais à s'occuper des procès entre Cambodgiens. Par contre, il avait le droit de juger seul les différends entre Européens (art. 7).

Les marchandises importées ou exportées par des navires français ayant un permis de navigation délivré par le gouverneur de la Cochinchine, seraient admises en franchise dans tous les ports du Cambodge, sauf l'opium qui restait soumis aux droits (art. 10). — La même franchise était accordée dans les ports ouverts de la Cochinchine aux navires chargés de marchandises cambodgiennes ayant un permis de navigation signé du gouvernement cambodgien et visé par le résident français (art. 11).

Le gouvernement cambodgien s'engageait à protéger tous les Français naviguant dans les parages du Cambodge ou résidant sur le territoire cambodgien. De même, le gouvernement français promettait sa protection à tous les Cambodgiens naviguant dans les parages ou résidant sur un point quelconque du territoire français (art. 13 et 14).

Les missionnaires catholiques et les savants devaient avoir la protection du gouvernement cambodgien (art. 12 et 15).

Enfin l'empereur des Français s'engageait à « maintenir dans le royaume de Cambodge l'ordre et la paix et à le protéger contre toute attaque extérieure ». Dans ce but, le roi cédait au gouvernement français un terrain en face de Phnom-penh, à Chrui-Changva, pour y établir un dépôt de charbon et de matériel; et il autorisait le gouvernement français à prendre, à ses frais, dans les forêts du Cambodge, tous les bois nécessaires à la construction de ses navires (art. 17 et 18).

Ce traité fut envoyé à Paris pour être approuvé par l'empereur Napoléon III. En attendant le retour de ce traité, le roi de Siam fit au roi Norodom toutes sortes de menaces. Celui-ci eut peur et signa avec son voisin un traité secret par lequel il se reconnaissait son vassal et lui cédait définitivement les provinces de Battambang et d'Angkor. Il lui demandait, d'autre part, de lui envoyer les insignes royaux et promettait d'aller lui rendre hommage à son prochain voyage à Kampot. Mais le gouverneur de la Cochinchine, ayant reçu le traité de protectorat approuvé par l'empereur des Français, exigea que le roi de Siam envoyât sans retard à Oudong les insignes royaux pour le couronnement de Norodom. A son tour, le roi de Siam eut peur. Il envoya un ambassadeur portant la couronne, l'épée sacrée et le sceau royal.

La cérémonie du couronnement eut lieu le 3 juin 1864. La couronne fut remise à Norodom par le représentant du gouvernement français. Dès le lendemain des fêtes du couronnement, l'ambassadeur siamois quittait Oudong. Ainsi le roi de Siam n'avait plus aucune autorité sur le royaume de Cambodge qui était placé désormais sous la protection effective de la France.

TROISIÈME PARTIE

Le Protectorat français

CHAPITRE VII

Les rois Norodom et Sisovat

Le traité de 1867 et les premières réformes. — Peu après son couronnement, le roi Norodom eut à combattre deux nouvelles insurrections : celle de l'ancien esclave *Sva*, puis celle du bonze *Poucombo*. Le premier se disait fils de Ang-Em ; le second prétendait être le petit-fils de Ang-Chan. L'un et l'autre étaient aidés par les mandarins annamites. Les troupes françaises avec lesquelles combattait le Preah Keo Fa, frère de Norodom, réussirent à vaincre les deux rebelles : *Sva* fut livré le 19 août 1866, Poucombo fut fait prisonnier et tué en décembre 1867.

Quelques mois auparavant, pour empêcher les mandarins annamites de favoriser de nouveaux troubles, le gouverneur de la Cochinchine avait annexé à la France les trois provinces de Vinhlong, Chaudoc et Hatien. Ainsi la Cochinchine tout entière devenait une colonie française (juin 1867).

A peu près à la même époque (juillet 1867), le roi de Siam signait avec la France un traité aux termes duquel il renonçait « pour lui et ses successeurs à tout tribut, présent ou autre marque de vassalité de la part du Cambodge ». De son côté, l'empereur des Français s'engageait à ne point s'emparer de ce royaume pour l'incorporer à ses possessions de Cochinchine » et, en même temps, il reconnaissait au Siam la possession définitive des provinces de Siemréap, Battambang et Sisophon.

Cet abandon au Siam de quelques-unes des plus riches provinces du Cambodge fut fait à l'insu du gouverneur de la Cochinchine qui, s'il avait été consulté, n'aurait certainement pas laissé enlever au Cambodge ces territoires. Fort heureusement, la France a réussi plus tard (1907) à se les faire rendre et elle les a remis à son tour au roi de Cambodge.

C'est également en cette année 1867 que Norodom abandonna Oudong pour venir s'installer plus près de Saigon, à Phnom-penh, une des anciennes capitales du Cambodge. Trois ans plus tard (1870), son frère (le Prea Keo Fa) rentrait au Cambodge où il recevait le titre d'Obbarach ou second roi.

En 1876, éclata une nouvelle révolte du prince Sivotha. Cette fois encore, l'Obbarach et ses partisans aidèrent les troupes françaises à venir à bout des rebelles.

La paix paraissant alors définitivement rétablie, le roi Norodom, après plusieurs pourparlers avec le représentant du Protectorat, arrêta le 15 janvier 1877 un plan de réformes, qui, si elles avaient pu être réalisées à cette époque, auraient eu dès ce moment pour le Cambodge, les plus heureuses conséquences. Les principales de ces réformes portaient, d'après Moura, sur les points suivants:

Dans la famille royale, on décidait de supprimer, après la mort des titulaires et par mesure d'économie, les deux hautes dignités d'Apiouréach et d'Obbarach ainsi que celle de Préa Voréachini, attribuée à la reine-mère. De plus, le traitement des princes et princesses devait être augmenté de façon à leur permettre de vivre honorablement. Quant aux revenus du royaume, on se proposait d'en employer désormais la majeure partie à des travaux d'utilité publique.

Le roi restait propriétaire du sol de tout le royaume, mais il s'engageait à étendre la durée du bail des terres cultivables.

En ce qui concerne le gouvernement et l'administration du royaume, le Conseil des ministres devait être consulté sur certaines questions importantes et délibérer hors de la présence du roi. Le représentant du Protectorat aurait toute liberté d'assister aux séances et de donner son avis. Le nombre des provinces devait être réduit de façon à permettre une réduction correspondante du nombre des fonctionnaires. — D'autre part, les fonctionnaires devaient recevoir de la part du roi une solde, variable suivant leur rang ou l'importance de leurs fonctions ; ainsi, ils cesseraient de prélever eux-mêmes leur solde au moyen d'impôts qu'ils faisaient payer aux habitants.

Les juges recevraient aussi, comme les autres fonctionnaires, une solde fixée par le roi, et le frais de justice, ou les amendes dont ils avaient l'habitude de prélever à leur profit la plus grosse part, seraient désormais versés au Trésor. En outre, le roi décidait que le régime des prisonniers serait amélioré, et que les esclaves, qui jusqu'alors étaient esclaves à perpétuité pourraient se racheter. Enfin la traite était interdite et des peines sévères édictées contre ceux qui conduiraient sur les marchés du Cambodge des sauvages faits prisonniers dans les forêts.

Malheureusement, la plupart de ces réformes restèrent lettre morte, parce qu'elles se heurtèrent à l'opposition des vieux mandarins qui sentaient bien que, sous le protectorat de la France, ils ne pourraient plus exploiter comme autrefois le peuple cambodgien. Et c'est pourquoi, devant l'insuccès des ordonnances royales, le gouvernement français crut nécessaire de signer avec S. M. Norodom un second traité (17 juin 1884) qui devait donner plus de liberté d'action au représentant du Protectorat.

Le traité de 1884. — Aux termes de ce traité, le roi Norodom, s'engageait à accepter

« toutes les réformes administratives, judiciaires, financières et commerciales que le gouvernement français jugerait nécessaires à l'intérêt du Protectorat ». Et le traité formulait ainsi le principe de ces réformes :

Les fonctionnaires cambodgiens continueront, sous le contrôle des autorités françaises, à administrer les provinces, sauf en ce qui concerne l'établissement et la perception des impôts ; les douanes, les contributions indirectes, les travaux publics et, en général, les services qui exigent une direction unique ou l'emploi d'ingénieurs ou d'agents européens (art. 3).

Des *résidents* ou des *résidents-adjoints* nommés par le gouvernement français, chargés de maintenir l'ordre public et de contrôler l'administration des mandarins indigènes, seront placés dans les chefs-lieux de provinces et d'une façon générale partout où leur présence sera jugée nécessaire. Ils seront sous les ordres d'un *résident général* qui aura toujours droit d'audience privée et personnelle auprès du roi de Cambodge (art. 4 et 5).

Les dépenses de l'administration indigène et

celles de l'administration française seront à la charge du Cambodge (art. 6).

Un arrangement spécial interviendra, après l'établissement définitif du budget du royaume, pour fixer la liste civile du roi (provisoirement portée à 300.000 piastres) et répartir entre les princes de la famille royale les dotations dont le chiffre global est provisoirement de 25.000 piastres. — D'autre part, le roi de Cambodge s'interdit de contracter aucun emprunt sans l'autorisation du gouvernement français (art. 7).

L'esclavage est aboli sur tout le territoire du Cambodge (art. 8).

Le sol du royaume, jusqu'à ce jour propriété exclusive du roi cessera d'être inaliénable. Il sera procédé, par les autorités françaises et cambodgiennes, à la constitution de la propriété au Cambodge. — Les chrétientés et les pagodes conserveront en toute propriété les terrains qu'elles occupent actuellement (art. 9).

A la suite de cette convention, le gouverneur de la Cochinchine, prit, à la date des 27 et 28 octobre 1884, une série de décisions importantes relatives : à l'organisation politique et administrative ; à l'organisation judiciaire ; à l'abolition de l'esclavage ; à la constitution de la propriété.

Malheureusement, à peine cette organisation du Cambodge était-elle commencée qu'une insurrection éclatait. Pendant près de deux ans (1885-1887), les soldats français durent parcourir le Cambodge pour réduire les insurgés et ramener le calme. Pour la troisième fois, le second roi nous aida à pacifier le pays.

C'est seulement lorsque la pacification fut complètement rétablie que le gouvernement du Protectorat put entreprendre la réalisation des réformes qu'il avait annoncées et dont les principales portèrent : sur la création d'un *trésor unique du Royaume* (1890) ; — sur la répression des actes de vol, de piraterie et d'assassinat commis en trop grand nombre « au préjudice des habitants qui cherchent à gagner paisiblement leur vie », par la faute des fonctionnaires qui ne poursuivent pas les coupables avec « assez de zèle » ou qui « les ayant arrêtés les laissent évader contre le paiement de sommes d'argent » ; — sur la suppression des cadeaux à l'occasion des nominations à des fonctions publiques ou de l'anniversaire du roi; — sur la création des *conseils de résidence*.

L'avènement de S. M. Sisovat. — Le roi Norodom mourut le 24 avril 1904, à 5 heures du soir. Aussitôt le Conseil des ministres se réunit sous la présidence du Résident supérieur représentant le gouvernement français. L'Obbarach, les chefs des bonzes, le chef des Bakou-Barohet, et les deux premiers chambellans du palais assistaient également à la séance.

Au nom du gouvernement français, le Résident supérieur proposa de choisir l'Obbarach comme successeur du roi Norodom. Cette proposition fut adoptée à l'unanimité.

L'Obbarach fut alors invité à monter sur le trône comme roi non encore couronné, et il reçut aussitôt les salutations des princes et des mandarins. Puis il prononça quelques paroles de remerciement et dit en terminant son petit discours: « Je demande au Conseil des ministres, à tous les mandarins et à tous les fonctionnaires de m'aider à assurer au royaume la paix continuelle ».

Le surlendemain, 26 avril, le Résident supérieur recevait à l'Hôtel de la Résidence le nouveau roi. Dans le discours qu'il lui adressa, il lui rappela la part qu'il avait prise à la pacification du Cambodge et résuma ainsi l'œuvre de la France :

« Vous avez connu le Cambodge en des temps bien différents et votre haute intelligence n'a pas manqué d'apprécier les causes de la différence. C'est à dater du jour où il s'est adressé à la France que le Cambodge a vu renaître sa fortune ; c'est ainsi qu'il a pu se relever, comme nation, au moment même où tout paraissait conspirer à sa perte, où il semblait que l'heure eût sonné pour lui d'un dernier et irrémédiable démembrement au profit de ses anciens et redoutables agresseurs, annamites et siamois. L'année même de votre naissance, des préfets annamites administraient la plupart des territoires dépendant actuellement de la résidence de Phnom-penh, dont ils avaient changé le nom en celui de Nam-vian. Ils avaient également fait une province annamite de Pursat qu'ils appelaient Po-sat. Quatre ans après, quand votre auguste père parvenait à rentrer dans Oudong, la dernière capitale de ses ancêtres, ce n'était que pour assister, presque impuissant, à la dévastation méthodique du pays aussi bien par les Siamois, ses alliés du moment, que par leurs inlassables adversaires. Depuis que l'occupation de la Cochinchine a mis la France en contact avec le Cambodge, l'indépendance nationale a cessé d'être en danger.

Dans quelques mois même, en vertu du dernier arrangement conclu avec le gouvernement siamois, Votre Majesté aura la joie de voir rentrer dans la famille cambodgienne quatre provinces, qui, plus encore par fraude que par force, avaient été volées à votre grand-oncle. »

La reprise des provinces perdues. — En effet, quelques mois après le Siam cédait à la France, qui les cédait à son tour au Cambodge, les territoires de *Krat*, de *Ko-kong*, de *Melou-prey* et de *Tonlé-repou*. En même temps, la province de *Stung-trang* et le territoire de *Siem-pang* étaient détachés du Laos et remis au roi de Cambodge.

En 1907, le gouvernement français faisait signer au Siam un nouveau traité : Krat lui était rendu ; mais en échange, il cédait à la France les anciens territoires cambodgiens de *Siemréap*, *Battambang*, *Sisophon* et la France les rétrocédait à son tour au Cambodge.

Dans le courant de l'année 1907, le roi Sisovat et le gouverneur général Beau allèrent à Battambang célébrer solennellement la reprise de ces territoires que le roi considéra comme « la plus grande gloire de son règne ».

Ainsi, grâce à la France et sans aucune guerre, les rois Norodom et Sisovat avaient enfin réalisé la tâche que leur père, sur son lit de mort, leur avait imposée comme le premier de leurs devoirs : la reprise des provinces perdues.

CHAPITRE VIII

L'organisation du Protectorat

Le khum. — Le royaume du Cambodge est un pays placé sous le protectorat de la France : il est administré par des fonctionnaires indigènes sous la direction et le contrôle de fonctionnaires français.

Les fonctionnaires indigènes forment trois grands groupes : 1° ceux du khum ; 2° ceux du khet ; 3° ceux du palais royal.

Tout groupement de familles comptant plus de vingt habitants (hommes, femmes et enfants compris) doit désigner un chef. Ce chef, élu par les électeurs du groupement auquel il appartient, porte le titre de *kechaphibal*. Peut prendre part à l'élection du kechaphibal tout habitant inscrit sur les rôles d'impôt personnel, à quelque nationalité qu'il appartienne, et pourvu seulement qu'il sache lire et écrire. Tous les électeurs sont éligibles, sauf ceux qui auraient eu une condamnation correctionnelle ou criminelle.

Une agglomération comptant plus de 50 habitants forme un *phum*. Les électeurs du phum élisent au scrutin secret des *krom-chummum* (conseillers) à raison de 1 par 50 habitants. Les krom-chummum ont sous leurs ordres les kecha-phibal. S'il y a plusieurs krom-chummum dans un même phum, ils élisent un chef de phum qui est le représentant de l'autorité dans le village et a les autres krom-chummum sous ses ordres.

Plusieurs phum forment un *khum*. Les conseillers des divers phum élisent parmi eux, ou en dehors d'eux, un chef qui est le *mékhum* et un certain nombre d'*adjoints*. Le mékhum doit être de nationalité cambodgienne, et habiter, autant que possible, la fraction la plus importante du khum. Quant aux adjoints, leur nombre varie suivant l'importance du khum : il est de 2, de 3, ou de 4 pour les villages qui ont moins de 600, moins de 800 ou moins de 1.000 habitants. Au-dessus de 1.000 habitants les villages élisent un adjoint de plus par 500 habitants.

Le mékhum, les adjoints et les krom-chummum sont élus pour quatre ans et rééligibles. Ils forment le *conseil du khum* et se réunissent aussi souvent qu'il est nécessaire soit dans la sala-khum, soit chez le mékhum. Ces réunions ont lieu obligatoirement tous les trois mois.

Le *mékhum* est chargé, avec l'aide des conseillers et des chefs de groupes qu'il a sous ses ordres, de la direction du khum.

Il tient : le contrôle de la population (1), les rôles et registres fonciers, les rôles des impôts ; — il assure la police en prescrivant à tour de rôle aux krom-chummum et aux habitants les rondes

---

(1) Tout habitant d'un khum inscrit sur les rôles d'impôt personnel, conformément aux ordonnances royales, doit chaque année, en allant chercher sa carte d'impôt, faire connaître au mékhum ou à son délégué le nom de sa femme et de ses enfants ainsi que leur âge, le nom des domestiques demeurant chez lui, celui de leurs femmes et leurs enfants, de façon que le mékhum puisse en dresser la liste et tenir toujours très exactement le contrôle des habitants de son village.

et les gardes de jour ou de nuit qui sont nécessaires pour la sécurité du khum (1); — il procède ou fait procéder aux constatations judiciaires, aux premiers interrogatoires, à l'arrestation des auteurs présumés des crimes et délits ; il fait exécuter les travaux de construction et d'entretien des bâtiments, chemins, sentiers, et immeubles du khum (2); — il assure le service de trams dans l'étendue du village et la distribution des correspondances; — il signe et appose son cachet sur tous les documents du khum ou sur les pièces, qui lui sont soumises par les particuliers, conformément aux ordonnances royales. Enfin il doit engager les habitants à envoyer leurs enfants à l'école.

Le premier adjoint remplace le mékhum en cas d'empêchement; il est spécialement chargé, en

---

(1) Tout habitant inscrit doit, à son tour, les services de garde ou de ronde, de jour et de nuit, nécessaires à la sécurité publique.

(2) Les habitants d'un khum ou phum peuvent s'entendre pour exécuter en commun les travaux qui leur seraient utiles sur le territoire du khum.

temps ordinaire, de la perception des impôts. Il a le contrôle permanent de la caisse du village et tient le registre des délibérations du conseil du khum.

Le deuxième adjoint, qui remplace le mékhum en cas d'empêchement du premier adjoint, est spécialement chargé, en temps ordinaire, sous les ordres du mékhum, de la garde de la caisse du village, des rondes de police, des réquisitions, des arrestations. Dans les khums comptant plus de deux adjoints, les autres adjoints sont chargés de l'expédition des services spéciaux qui leur sont confiés par le mékhum.

Le khum peut, comme une personne, posséder des biens, en acquérir, aliéner, plaider devant les tribunaux.

Les biens fonciers du khum se composent : de tous les immeubles dont la jouissance est réservée à l'ensemble des habitants, tels que les bois, les rizières, les pâturages, les ruisseaux, les pêcheries et qui peuvent lui être cédés à titre définitif par ordonnance royale ; — des chemins, sentiers et des routes non classées comme routes provinciales ou régionales ; — des maisons, des marchés non réservés à la province ; — des terres qui peuvent être concédées aux villages, à charge par les habitants de les mettre en valeur et de les exploiter.

Le conseil du khum a l'administration de ces biens ; il peut, à son gré, en laisser la libre jouissance aux habitants ou bien exiger une redevance de chacun d'eux, les affermer ou les réserver. Les biens communaux ne peuvent être changés de destination ou aliénés qu'avec l'autorisation du conseil de résidence, sur la proposition du conseil du khum et du gouverneur du khet.

Les revenus du khum se composent : du produit des biens affermés (terres, beng, stung, forêts, pêcheries, ...) ; — des dons et legs ; — des subvention ; — et, en général, de toutes les perceptions autorisées.

Les dépenses comprennent : la solde du personnel du khum ; — le paiement des dépenses est décidé en conseil dans l'intérêt du village.

Le khet. — Les khums sont groupés en khets placés chacun sous l'autorité d'un *gouverneur* assisté d'ordinaire d'un *balat*, de deux *sophea* et d'un *yokebat*.

La principale fonction du gouverneur est de tenir les rôles de toute la province et de surveiller la rentrée de *l'impôt*. Il reçoit des chefs de congrégations annamites ou chinoises, l'impôt personnel de leurs compatriotes. Les autres impôts (notamment les impôts sur les paddys, le sucre de palme, les pontéas) sont perçus par des agents spéciaux nommés chaque année par le roi achnha-luong, mékang et préa-réach bamro. Le gouverneur centralise le produit de tous les impôts de sa province et l'apporte chez le percepteur français au chef-lieu de la circonscription.

Le gouverneur est aidé, pour l'administration du khet, par le balat. Certaines provinces importantes ont plusieurs postes administratifs à la tête desquels se trouve un balat qui est le délégué du gouverneur.

D'autre part, le gouverneur est le président du tribunal provincial (sala-khet) qui juge toutes les affaires entre cambodgiens. Il est aidé, pour la justice par les deux sophea et le yokebat. A Phnompenh le tribunal provincial s'appelle sala-lukhum. Les magistrats qui en font partie ont des titres spéciaux mais leurs attributions sont les mêmes que celles des magistrats de la sala-khet.

Les jugements des tribunaux provinciaux peuvent être portés devant une cour d'appel (sala-outor); il y a deux sala-outor : une à Phnom-penh, l'autre à Battambang. Il y a aussi, depuis 1912, une cour de cassation siègeant à Phnom-penh, elle est chargée de la révision des jugements des divers tribunaux du royaume.

Les provinces étaient autrefois divisées en cinq groupes et placées sous la seule surveillance des ministres agissant comme délégués du roi, à titre de Kromankhet (chefs d'apanage). Une ordonnance royale du 5 mai 1905, a supprimé les apanages et décidé que désormais toutes les affaires administratives, dans tout le royaume, seraient d'abord vues et étudiées par le Premier ministre, puis discutées en Conseil des ministres et enfin soumises à l'examen du Résident supérieur.

Ainsi aujourd'hui, les gouverneurs ne dépendent plus comme autrefois de tel ou tel ministre : ils sont tous placés sous le contrôle direct de l'administration du Protectorat et sont chargés de faire exécuter, dans leur province, les ordonnances royales ou les arrêtés du Résident supérieur.

Chaque année, tous les gouverneurs viennent à Phnom-penh boire « l'eau du serment » et prêter serment de fidélité au roi. Depuis 1897, cette cérémonie n'a plus lieu qu'une fois par an. Depuis 1904, elle a lieu à l'occasion des fêtes du Tang-tok.

Le Cambodge comprend actuellement 65 provinces dont on trouvera plus loin les noms.

Le palais. — Toute l'administration indigène dépend du roi qui réside dans un palais royal à Phnom-penh.

Le roi a auprès de lui un *Conseil des ministres* qui comprend cinq ministres dont les attributions actuelles ont été déterminées par l'ordonnance royale du 3 juillet 1905. Ce sont :

l'*Oknha Akha Moha Séna,* ministre de l'Intérieur et des Cultes, président du Conseil des ministres lorsque celui-ci siège en commission permanente ;

l'*Oknha Youmréach,* ministre de la Justice;

l'*Oknha Véang,* ministre du Palais, des Finances et des Beaux-Arts.

l'*Oknha Kralahom*, ministre de la Marine, du Commerce, de l'Industrie et de l'Agriculture ;

l'*Oknha Chakrey*, ministre de la Guerre, des Travaux publics et de l'Instruction publique.

Il existe, en outre, depuis 1913, un *inspecteur indigène des affaires politiques et administratives* ayant rang de ministre.

Les ministres absents ou empêchés sont représentés par des *suppléants*.

Chaque ministre apporte ses propositions au sujet des affaires dont le roi ou le Résident supérieur peuvent lui confier l'étude ; qui proviennent de sa propre initiative ou qui ont fait l'objet de demandes d'habitants adressées au résident, chef de circonscription. Toutes ces propositions sont discutées en commun sous la présidence du Résident supérieur. Elles sont quelquefois, préalablement, examinées sur la demande du Résident supérieur, en *commission permanente* du Conseil, présidée par l'Oknha Akha Moka Séna. Dans ce cas, elles font l'objet d'un rapport qui est de nouveau discuté en séance officielle en présence du Résident supérieur. En cas d'urgence, les affaires peu importantes sont réglées par consultation à domicile.

Indépendamment du Conseil des ministres, le roi est assisté depuis peu d'une *Assemblée consultative indigène,* appelée à donner son avis sur les questions d'impôt, d'administration, ou de mise en valeur intéressant les indigènes. Cette assemblée compte 45 membres : 40, élus par l'élite des Cambodgiens, sont les délégués de toutes les provinces ; 5 sont désignés par le Conseil des ministres. La première réunion de l'Assemblée consultative a eu lieu à la fin du mois d'août 1913, à l'occasion du cinquantenaire de l'établissement du Protectorat et du 74e anniversaire de la naissance de S. M. Sisovat.

L'administration française. — Le Gouvernement de la France est représenté au Cambodge par un *Résident supérieur* qui contrôle toute l'administration indigène et dirige l'administration française. Le Résident supérieur réside à Phnom-penh. Il a sous ses ordres directs un certain nombre de fonctionnaires français ou indigènes.

Il a d'abord, pour collaborateurs immédiats :

Un *inspecteur des affaires administratives et politiques* qui fait des tournées dans tout le Cambodge, rédige des rapports sur ce qu'il a vu, et propose les réformes qui lui paraissent utiles ou nécessaires ;

Des *administrateurs* et des *commis des services civils* qui centralisent, dans les bureaux de la Résidence supérieure, toute l'administration du Protectorat.

En dehors de ses bureaux, et toujours à Phnompenh, le Résident supérieur a, comme autres collaborateurs, des *chefs de service* qui sont comme ses conseillers pour certaines questions spéciales (Travaux publics, Douanes, Trésor, Agriculture, Forêts, Postes et Télégraphes, Santé, Enseignement...)

Le Résident supérieur préside le *Conseil des ministres* qui l'assiste pour l'administration indigène, et le *Conseil du Protectorat* qui l'assiste pour l'administration française : le Conseil du Protectorat comprend sept membres français et le ministre du Palais.

Il existe aussi à Phnom-penh une *Chambre Consultative de Commerce et d'Agriculture* chargée d'étudier toutes les questions intéressant les progrès et la prospérité du commerce et de l'agriculture au Cambodge.

En dehors de Phnom-penh, le Résident supérieur exerce son autorité par l'intermédiaire d'administrateurs qui portent le titre de *résidents* et dont chacun contrôle l'administration de plusieurs provinces cambodgiennes groupées en une *circonscription.*

Actuellement (1914), les provinces du Cambodge sont réparties en 8 circonscriptions : *Kandal, Takéo, Kampot, Prey-veng, Kom-pong-cham, Stung-treng, Kompong-chhnang, Kompong-thom* sans compter les provinces de Battambang, Siemréap et Sisophon qui forment le *territoire de Battambang* administré par un administrateur qui réside à Battambang et s'appelle Commissaire délégué du Résident supérieur.

Certaines circonscriptions importantes comprennent, en dehors du chef-lieu, un ou plusieurs *postes administratifs* placés sous la direction d'un fonctionnaire français délégué du Résident (1).

Le résident chef de circonscription est à la fois un administrateur et un juge. Pour l'aider dans sa tâche, il a d'ordinaire, sous ses ordres directs, dans ses bureaux, des fonctionnaires français (un *adjoint* pour l'administration générale, un *chancelier* pour la justice, un *comptable* pour les finances); des *secrétaires interprètes* et des *lettrés* indigènes.

Il exerce aussi un contrôle sur les fonctionnaires représentant les divers services publics : Travaux publics, Douanes, Trésor, etc... et sur les diverses autorités indigènes (gouverneur, balat, mesrok).

Le résident est assisté d'un *Conseil de résidence* composé d'indigènes élus qu'il consulte sur les questions intéressant la province, notamment sur la répartition des impôts.

La ville de Phnom-penh est administrée par un administrateur, nommé par l'Administration, qui porte le titre de résident-maire et qui est assisté d'une Commission municipale composée de 8 membres dont 5 français et 3 indigènes.

---

(1) Voir plus loin la liste de ces circonscriptions.

CHAPITRE IX

L'œuvre Française

La France est intervenue au Cambodge depuis plus d'un demi-siècle. Là encore son œuvre a été ce qu'elle est partout ailleurs, sur tous les points du monde où elle fait flotter son drapeau : une *œuvre politique* de pacification, de sécurité et de justice ; — une *œuvre économique* d'enrichissement du pays ; — une *œuvre sociale* d'assistance médicale et d'instruction publique.

L'exploration du pays. — Mais cette œuvre n'a pu être entreprise, poursuivie et réalisée que parce que, depuis le milieu du siècle dernier, des Français ont exploré le Cambodge en tous sens, et en ont étudié les aspects, les populations, les ressources : les uns, dans le but d'ajouter un nouveau domaine au champ déjà si vaste de la science française ; les autres, afin de montrer aux indigènes protégés, comme aux Français protecteurs, les moyens les meilleurs, parce que les mieux étudiés, de mettre le pays en valeur et de lui redonner, au milieu de ses voisins, la richesse et la splendeur qui en fit autrefois un royaume si glorieux et si puissant.

Le premier explorateur français qui vint au Cambodge fut HENRI MOUHOT, chargé, en 1858, d'une mission par les Sociétés géographique et zoologique de Londres. « Mouho, técrit M. Finot, (1) était avant tout un naturaliste, mais les bêtes et les plantes ne lui cachaient pas les beautés de la nature et de l'art. Le jour où les ruines d'Angkor surgirent à ses yeux, il se sentit transporté d'admiration » ; et l'enthousiasme avec lequel « il révéla au monde un art oublié » attira bientôt sur ce pays « d'autres pélerins passionnés ».

Quelques années plus tard, DOUDART DE LAGRÉE,

---

(1) L. FINOT. *Les études indochinoises* B. E. F. E. O. 1908, p. 226-228. Les pages qui suivent ne sont qu'un résumé de cette magistrale étude.

premier représentant du Protectorat français au Cambodge, reprenait l'œuvre commencée par Mouhot. En 1865, alors qu'il s'apprêtait à rentrer en France pour rétablir sa santé assez sérieusement ébranlée, son chef, l'amiral de la Grandière, gouverneur de la Cochinchine lui fit l'offre, « en guise de congé, d'explorer le cours du Mékong et, comme il l'écrivait ensuite à sa famille consternée, il ne trouva d'autre réponse que celle-ci : Pourquoi pas ? ».

La mission confiée à DOUDART DE LAGRÉE avait pour notre colonie de Cochinchine une importance capitale. « Nous étions établis, dit M. Finot, aux embouchures d'un fleuve qui, sur cinq degrés de latitude, était entièrement inconnu, dont on ne pouvait dire s'il était navigable ou non, s'il traversait des pays riches ou stériles, peuplés ou déserts, s'il était destiné à devenir une grande artère commerciale ou si son rôle devait se borner à fournir de l'eau aux cultures des riverains. Le commandant DE LAGRÉE fut chargé de résoudre ces questions pressantes. Le choix était des plus heureux ; sage et ferme, prudent et intrépide, plein de volonté et de dignité à la fois, il avait toutes les qualités propres à imposer le respect et à gagner la confiance. Sous ses ordres fut placé, comme une brillante antithèse, l'audacieux, le bouillant FRANCIS GARNIER, qui devait un peu plus tard exécuter avec une poignée d'hommes cette fabuleuse conquête du delta tonkinois dont le récit semble détaché d'une chanson de geste. Avec eux partaient l'enseigne de vaisseau DELAPORTE, M. DE CARNÉ, délégué politique du ministère des Affaires étrangères, et le Dr THOREL, chargé des observations d'anthropologie et d'histoire naturelle. La mission était parfaitement composée, munie d'instructions très pratiques qui devaient la guider sans l'entraver, et commandée par un homme qui était, dans toute la force du terme, un chef... Avant de partir pour son grand voyage, ce fut aux ruines d'Angkor qu'il voulut d'abord conduire ses compagnons, comme pour imprimer dans leur esprit la plus saisissante image du passé dont ils allaient suivre les vestiges. »

Pas plus que Mouhot, Doudart de Lagrée ne devait survivre à sa tâche. Son devancier avait été arrêté par la mort à Luang-prabang; c'est plus loin, au Yun-nan, qu'il succomba lui-même : du moins il emportait cette satisfaction suprême d'avoir réalisé le programme qui lui avait été tracé : « Le Mékong était désormais connu ; on en avait noté les sinuosités, les variations, les obstacles ; on avait pris contact avec les habitants de ses rives, étudié leur caractère et leurs ressources. D'importants monuments, tels que Vat-phou de Bassac avaient été signalés. L'étude anthropologique et linguistique des peuplades sauvages de l'Indochine centrale était amorcée. Le Fleuve Rouge lui-même, que l'initiative hardie de JEAN DUPUIS allait bientôt ouvrir à notre pavillon, avait été reconnu comme une voie navigable. En un mot, la péninsule se dessinait pour la première fois avec ses contours et son relief. Ce fut à Francis Garnier qu'incomba le soin de rédiger la relation de ce magnifique voyage. Il le fit avec une science et un talent dignes de tout éloge, et son livre est resté jusqu'ici l'ouvrage fondamental des études indochinoises ».

Quelques années plus tard, DELAPORTE, un des

membres de la mission de Lagrée, retournait au Cambodge accompagné des ingénieurs BOUILLET et RATTÉ, des docteurs JULLIEN et HARMAND et du conducteur des ponts-et-chaussées F.-G. FARAUT. Il en raporta, les premiers éléments du Musée khmer, qui est installé aujourd'hui à Paris dans le palais du Trocadéro.

Après Delaporte, un de ses compagnons le Dr HARMAND fit encore, de 1875 à 1877 de nombreux voyages à travers le Cambodge, pendant que, de leur côté, deux des plus actifs représentants du Protectorat, MOURA et AYMONIER, réunissaient sur le pays toutes sortes de renseignements utiles.

Il faut citer encore, parmi les Français qui furent des premiers à étudier le Cambodge, M. PAVIE qui explora d'abord la région du golfe de Siam avant d'être appelé à diriger, à travers toute l'Indochine, sa grande mission qui dura 15 ans, de 1879 à 1895, et employa 40 collaborateurs.

Depuis la grande mission Pavie, le Cambodge n'a été exploré que par quelques missions spéciales et peu nombreuses. Cependant l'exploration s'est poursuivie sans relache sous la direction des divers représentants du Protectorat. Officiers du service géographique, des corps de troupe ou de la garde indigène ; ingénieurs des Travaux publics, administrateurs des Services civils, fonctionnaires des Postes et Télégraphes ou du Cadastre, médecins de l'Assistance médicale, colons, tous ont contribué, chacun dans son domaine, à compléter et à préciser l'étude du pays.

L'œuvre politique : pacification, sécurité, justice. — En dehors de l'exploration méthodique du pays, la première préoccupation du gouvernement français en établissant son protectorat sur le Cambodge a été d'y faire régner l'ordre et la paix, c'est-à-dire d'y assurer avant tout la défense et la sécurité et d'y organiser la justice.

Pour assurer la *défense* et la *sécurité*, le Protectorat dispose : de troupes françaises, représentées par une Compagnie de soldats d'Infanterie coloniale tous réunis à Phnom-penh, des troupes indigènes représentées soit par des tirailleurs répartis dans les postes de Phnom-penh, Battambang, Sisophon, Poipet, soit par des miliciens, répartis dans tout le territoire, où ils sont plus spécialement chargés de la police. Dans les centres de Phnom-penh et de Battambang, la police est dirigée par des commissaires de police et des gendarmes français.

La *justice* est rendue au Cambodge, en dehors des tribunaux indigènes déjà indiqués : par des *tribunaux résidentiels* au chef-lieu de chaque résidence ; par un *tribunal de première instance et de commerce* à Phnom-penh, et par une *cour criminelle* siégeant également à Phnom-penh.

D'autre part, pour rendre la justice indigène elle-même plus rapide, plus éclairée, et dans certains cas plus humaine, l'Administration française procède à la refonte entière des *Codes cambodgiens*. Dès 1912, le roi a promulgué le nouveau Code pénal. En 1913, le Code d'instruction criminelle a été promulgué à son tour ; et bientôt seront publiés le Code civil et le Code de procédure civile.

L'œuvre économique : l'ordre dans les finances et la production des richesses. — L'Administration française a mis en outre de l'ordre dans les finances du royaume.

Depuis 1890, tous les comptes du Cambodge sont tenus par un Trésorier qui centralise dans le *trésor unique* toutes les recettes et toutes les dépenses. De plus, chaque année, le Résident supérieur prépare le *budget* de l'année suivante.

Depuis 1912, on a pris l'habitude de distinguer dans le budget des dépenses :

a) les dépenses concernant l'*administration* proprement dite indigène ou française (liste civile du Roi, pensions des princes, solde des fonctionnaires français ou indigènes).

b) les dépenses concernant la *sécurité publique* et la *justice* (tribunaux français et indigènes, garde indigène, police, prisons, service de l'Immigration et de l'Identité) (1);

c) les dépenses concernant les *finances* et la *richesse publique* (Trésor, Cadastre, Travaux publics, Agriculture, Forêts, Service vétérinaire);

d) les dépenses de l'*Assistance médicale* et de l'*Enseignement*.

Pour faire face à toutes ces dépenses d'intérêt politique, économique ou social, dont les prévi-

(1) Les dépenses dites militaires, celles qui concernent l'entretien des troupes françaises ou des tirailleurs, sont supportées par le Budget général de l'Indochine.

sions pour 1914 s'élèvent à près de *cinq millions de piastres*, le budget des recettes trouve ses principales ressources dans les impôts ou produits suivants :

a) *l'impôt personnel* que paient les Cambodgiens, les Malais, les Annamites, les Chinois et les Indiens, dépasse 1.000.000 piastres ;

b) l'impôt des *prestations*, que paient tous les contribuables qui ne veulent pas faire eux-mêmes leurs prestations, atteint à peu près le même chiffre ;

c) les divers impôts sur les *terrains* ou les *cultures* (impôt des chamcars ou des ponteas, impôts sur les paddys, les palmiers à sucre, les poivres, les cardamomes) dépassent 1.000.000 piastres ;

d) enfin, les droits de *pêche* ou *d'exploitation des forêts* produisent ensemble un revenu de près de 700.000 piastres.

Depuis plusieurs années déjà les recettes du Cambodge sont supérieures aux dépenses : les excédents sont versés à la *caisse de réserve* dont l'encaisse, en juin 1913, dépassait 2.500.000 piastres.

Ainsi le Cambodge n'est pas un pays pauvre. Bien plus, il s'enrichit tous les jours, grâce à l'activité des Services organisés par l'Administration française.

Le Service des *Travaux publics* construit des routes, creuse des canaux, drague les rivières pour les rendre plus navigables. Dans ces dernières années, grâce surtout à l'activité du Résident supérieur M. Outrey, près de 350 km. de routes ont été construits ou empierrés. La plus importante de ces routes reliait dès la fin de 1913 Phnom-penh à Battambang.

De son côté, le Service de *l'Agriculture* cherche à améliorer les procédés de cultures indigènes et à introduire des cultures nouvelles ; il se préoccupe aussi de développer l'élevage du ver-à-soie.

Le *Service vétérinaire* combat les maladies qui décimaient autrefois les troupeaux, de façon à permettre aux Cambodgiens de vendre plus facilement et à meilleur prix leurs bœufs et leurs buffles.

Enfin, le *Service forestier* cherche à exploiter les riches forêts du Cambodge avec discernement et profit.

L'Assistance médicale et l'Instruction publique. — Mais le meilleur moyen pour un pays d'augmenter ses richesses, c'est d'avoir une *population nombreuse.*

Or le Cambodge est peu peuplé, non point parce que les naissances sont rares, mais parce que les morts y sont beaucoup trop fréquentes. Pour combattre cette excessive mortalité des enfants et pour diminuer celle des adultes, le Protectorat a organisé au Cambodge le Service de Santé et l'*Assistance médicale.* Il a construit dans ce but, à Phnom-penh et dans l'intérieur, des maternités et des infirmeries, dirigées par des médecins français aidés par des infirmiers et médecins indigènes.

Grâce à ces médecins, les maladies qui décimaient autrefois le peuple cambodgien sont devenues moins terribles et si, de temps en temps, elles font encore trop de victimes, la faute en est surtout aux habitants qui ne tiennent pas assez compte des prescriptions d'hygiène et de propreté que l'on s'efforce de répandre parmi eux.

Mais il ne suffit pas à un peuple d'être riche ou de savoir se soigner, il faut qu'il soit instruit car l'instruction est encore pour lui un des meilleurs moyens d'augmenter ses richesses. Et c'est pourquoi le roi et le gouvernement français ont voulu améliorer encore la situation du peuple cambodgien par l'instruction.

Avant l'arrivée des Français, les Cambodgiens n'avaient d'autres écoles que les écoles dirigées par les bonzes dans les pagodes. Là, les petits Cambodgiens apprenaient à lire et à écrire les caractères khmers, en même temps qu'ils s'instruisaient dans la morale et la religion.

Le Protectorat ne songe pas à détruire ces *écoles de pagodes*. Il voudrait seulement que les petits Cambodgiens pussent y recevoir une instruction un peu plus complète et un peu plus moderne. C'est dans ce but qu'il a fait imprimer et distribuer dans toutes les pagodes du royaume plusieurs milliers de manuels écrits en langue cambodgienne et traitant de connaissances utiles.

D'autre part, pour ceux qui désirent, après l'école de pagode, continuer leurs études, le Protectorat a créé des écoles franco-cambodgiennes, où on commence à apprendre le français. Bientôt, il y aura dans chaque khet, au moins une école franco-cambodgienne, appelée *école de khet.*

Au-dessus de ces écoles de khet, il y aura aussi dans chaque chef-lieu de résidence, une école d'un niveau plus élevé encore et dirigée par un professeur français. Des neuf circonscriptions du Cambodge, sept ont déjà au chef-lieu, une école dirigée par un maître français : sept de ces écoles ont été créées de 1911 à 1913, par M. le Résident supérieur Outrey.

Puis, au-dessus de toutes ces écoles, se trouve le Collège Sisovat construit à Phnom-penh sur un terrain généreusement donné par le roi.

A côté du Collège, le Protectorat a construit une école professionnelle pour préparer les Cambodgiens aux carrières industrielles.

Enfin, il commence à créer des écoles de filles qui sont surtout des écoles ménagères.

*
* *

Telle est, dans ses grandes lignes, l'œuvre poursuivie par la France au Cambodge depuis cinquante ans; les résultats dejà obtenus permettent d'espérer que, sous la protection française, le royaume khmer retrouvera cette richesse et cette prospérité qui, dès le XIIIe siècle, provoquaient l'admiration du voyayeur chinois Tcheou-ta-kouan.

Appendice 1 : TABLEAU DE FILIATION DES ROIS DE CAMBODGE (802-1201)

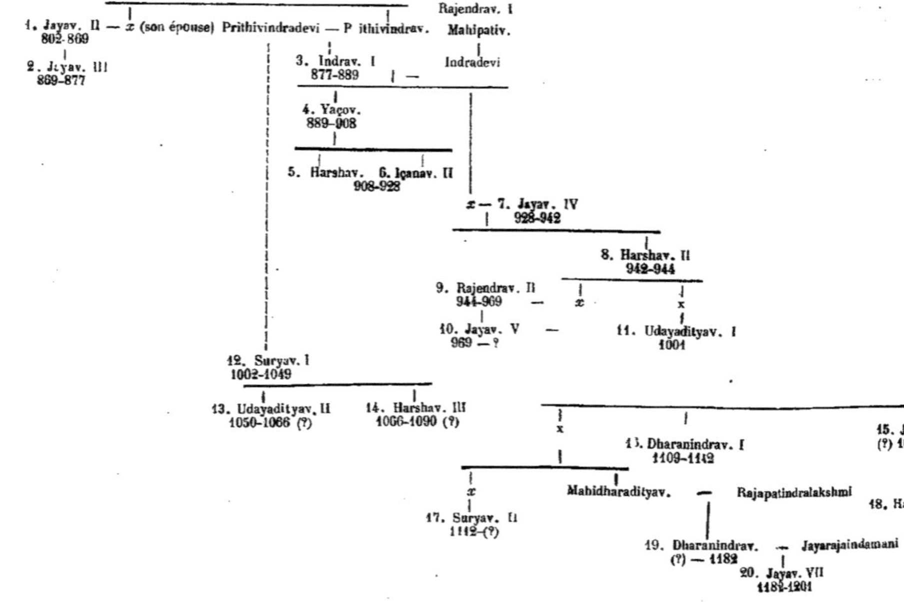

FILIATION DES ROIS DE CAMBODGE

(Du début du XVe siècle à la fin du XVIe siècle)

1. Ponha Yat 1415-1467
2. Noray Rama 1467-1472
3. Srey Racha 1472-1473

Occupation siamoise 1473-1476

4. Ponha Thommo Racha 1476-1494
5. Ponha Damkhat Racha 1494-1498

Naikan (usurpateur) 1498-1505

6. Ang-chan 1er 1505-1555
7. Baron Racha 1555-1567
8. Sotha 1er 1567-1574
9. Chettah 1er 1574-1587

Période de trouble suivant la prise de Lovek

10. Ponha-Tan
11. Ponha-An

Régence de Nhom Obbarach

12. Srey Soryopor

FILIATION DES ROIS DE CAMBODGE

(du début du XVIIe siècle à nos jours)

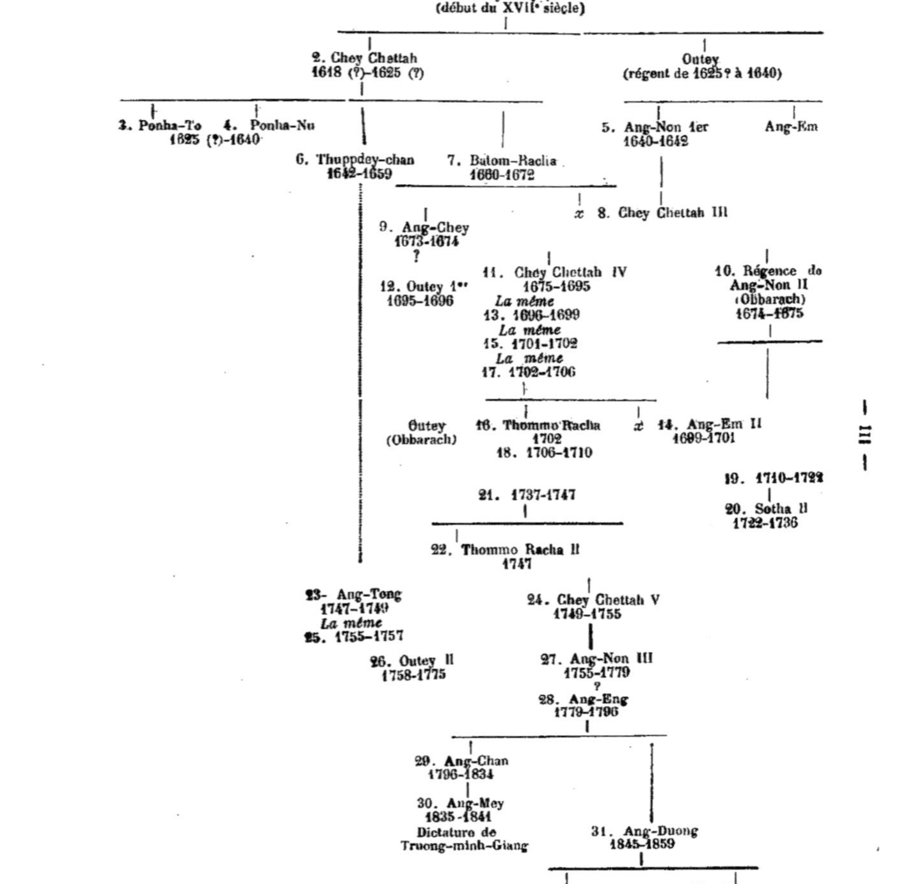

APPENDICE II

Tableau des Provinces du Cambodge

CIRCONSCRIPTIONS	PROVINCES	POSTES administratifs
Kandal (Kg-speu)	Phnom-penh Saang Kien-svai Ponhéa-lu Kandal-stung Somrong-tong Phnom-sruoch Kong-pissey	
Ta-kéo	Tréang Bâti Prey-krebas Loeuk-dek	
Kampot	Kampot Bantéai-méas Kompong-som Kos-kong	Kompong-trach
Prey-veng	Baphnôm Prey-veng Péarang Romduol Svai-téap Romméas-hek Lovéa-em Kandal	Soairieng-Banam
Kompong-cham	Kompong-siêm Srey-santhor Choeung-pre Muk-kompul Khsach-kandal Thbong-khmum Kratié Chlong Stung-trang	Kratié

Tableau des Provinces du Cambodge (suite)

CIRCONSCRIPTIONS	PROVINCES	POSTES administratifs
Stung-treng	Stung-treng Moulapoumok Tonlé-repou Mélouprey	Cheom-chsan, Moula-poumok
Kompong-chhnang	Roléa-péir Lovek Anlong-réach Kompong-leng Babaur Pursat Krakor	Pursat
Kompong-thom	Kompong-svay Barai Stong Santuk Chikreng Promtep	
Territoire de Battambang	Battambang Moung-russey Mongkol-borey Tuk-chor Tnot Kdol Bac-préa Siemréap Puok Kralanh Soutnikom Chong-kal Sisophon Svai-chek Phnom-srok	Siemréap

TABLE DES MATIÈRES

PREMIÈRE PARTIE

Des origines au XIIIe siècle

CHAPITRE PREMIER

Les origines

CHAPITRE II

Les souverains d'Angkor

CHAPITRE III

Le Cambodge et les Cambodgiens à la fin du XIIIe siècle

DEUXIÈME PARTIE

Les luttes avec les Siamois et les Annamites

CHAPITRE IV

Les incursions siamoises

CHAPITRE V

Les empiètements annamites

CHAPITRE VI

L'intervention française

TROISIÈME PARTIE

Le Protectorat français

CHAPITRE VII

Les rois Norodom et Sisovat

CHAPITRE VIII

L'organisation du Protectorat

CHAPITRE IX

L'œuvre française

APPENDICES

Saigon. Imp. Commerciale, C. Ardin.

www.ingramcontent.com/pod-product-compliance
Ingram Content Group UK Ltd.
Pitfield, Milton Keynes, MK11 3LW, UK
UKHW021046200726
13857UKWH00003B/850